セミナー講師育成率No.1の
セミナー女王が教える

売れるセミナー講師になる法

前川 あゆ

同文舘出版

プロローグ

ここ数年、〝セミナー講師ブーム〟が来ていることをご存じでしょうか?

私がセミナーの企画・運営を始めたのは、2004年のことです。当時は、セミナーに関する書籍はわずか数冊しかなく、セミナー講師を養成する講座などもほとんどありませんでした。

ところが、2008年頃から急激に増加し始め、今や、誰もが講師になれる時代になりました。セミナー講師には、資格は必要ありません。つまり、自分でセミナーを企画・開催したら、誰もがセミナー講師になれるのです。

私はセミナー・プロデューサーとして、これまで年間200本以上のセミナーを企画・運営してきました。また2007年からは、講師養成講座を開催し、講師の育成にも関わっています。

こうして、セミナーに深く関わるようになり、気がついたことがあります。

なぜ、長く続けられるセミナー講師とすぐに辞めてしまうセミナー講師に分かれるのだろう？　そして、その違いはいったい何か？

その違いは、「何のためにセミナーをするのか？」「何のために講師になったのか？」という、心の根っこにある志や使命感の部分の違いにありました。

辞めてしまう講師は、やはりこの部分が曖昧なのです。軸がしっかりしていないとブレてしまうからです。

しかし、それもそのはずです。セミナー講師になるにあたって、そんなことを教えてくれる人は、周りにはいないからです。

数多くのセミナー講師を見たり、また育ててきた中で、私はセミナー講師として長く続けていくための、具体的かつすぐに使えるノウハウを知ることができました。

そしてそれらを、これから講師になる方にも、すでにセミナーを開催されている方にも、どうしても知ってほしい、と思ったのです。

本書を書くにあたって、私自身の原点に立ち返って考えてみました。

なぜ、セミナーが好きになったのか。また、なぜ何度もセミナーに足を運び続けるのか。

私は、小学校から中学校1年生くらいまでは、勉強のできる子どもでした。とはいえ、それはただ要領がよかったからです。予習や復習をしなくても、テストでいい点を取る方法がわかっていたのです。

ところが、授業がむずかしくなるにつれて、授業についていくことができなくなり、授業を苦痛に感じるようになっていきました。

「こんなこと、大人になって何の役に立つんやろう?」と思いながら、嫌々学校に通っていたのです。

今から思うと、親にお金を払ってもらって学校に通っていたからでしょうね。つまり、「行きたい!」ではなく、「みんなが行くから何となく……」だったのです。そんな子どもでしたから、将来の夢や目標にもきちんと向き合っていませんでした。

ところが大人になって、自らお金を出して、自分が行きたいと思うセミナーに初めて参加したとき、このうえなく楽しかったのです。

私は、一所懸命学ぼうとしました。それにより気づきを得た、変わろうとした、実行してみた、そうしたら変化が起きた。そして、自分自身を成長させる出会いがあった……大人になって初めて、学ぶことのおもしろさを知ったのです。

夢や目標があって、それを実現するための学び――それが、こんなに楽しくて意味のあることなのか、ととても衝撃的でした。そして思いました。このような場を、1人でも多くの人に知ってほしい、提供したい、と。そして、私はセミナーを始めたのです。

私が主催するセミナーに参加し、勇気ある一歩を踏み出した人は大勢います。なかには、自分でチャンスをつかみ取り、人生に劇的な変化を起こした方もいます。

そんな方々から、「きっかけをくれてありがとう！」という言葉をいただくと、すごくうれしいしやりがいを感じます。自分の経験やノウハウが、人や社会の役に立つということはとても幸せで、心が満たされることなのです。

セミナー講師を養成したいと思ったのも、セミナーで学んだ人たちが、自ら発信することでさらに成長するとともに、その話を聞いた人たちがまた気づきを得て、新たな一歩を踏み出すきっかけを作り出すことができるからです。

誰かの役に立ちたい——。

これは、講師にとっては大切な志です。人は誰もが、それぞれ社会に役立てる経験やノウハウを持っています。しかしそれは、自分自身では気づかない場合が多いものです。

だからといって、機会がないまま、眠らせたままではもったいない。だから、そのための機会を提供し、その力を引き出してサポートしたいと思ったのが、すべての始まりだったのです。

受講者、主催者、養成者……あらゆる立場からセミナーに関わり、理解してきた私だからこそ、これから講師をしてみようとお考えの方だけでなく、すでに講師として活動されている方々にも、長く続けられるセミナー講師になってほしい、と思っています。

そして、人や社会に役立つセミナーがもっともっと増えることを、心から願っています。

その想いから、私が知り得る限りのノウハウを、ここに事例とともに惜しみなく提供させていただくことにしました。

前川　あゆ

CONTENTS

3 セミナー講師になる法（心構え・準備編）

4 セミナー講師になる法（組み立て編）

5 セミナー講師になる法（実践編）

6 こんなセミナー講師が売れ続ける

7 私がおすすめするセミナー講師のインプット法

装丁・本文デザイン・DTP　ジャパンスタイルデザイン（山本加奈・榎本明日香）

1

セミナー講師になる魅力とメリット

自分の「強み」を知り、ビジネスに結びつけよう

セミナー講師になるメリットは数多くあります。

その中で、私が考える最大のメリットは、自分ではなかなか気づかない〝**自分自身の強み**〟**を知ることができる**、ということです。

数多くのセミナー講師を育成する中で、「講師として何を専門に話すのがいいのか」という、一人ひとりの分析を行なうことによってわかったのです。

人は、自分のことを一番知っているようで、実はそうでもありません。

「あなたの強みは何ですか?」

こう質問しても、即座に答えられる人はほとんどいません。それもそのはずです。私自身もそうですが、ふだんの生活の中で、あらためて自分自身のことを、深く突き詰めて考える機会はそうはないからです。

ところが、自分ではごく〝当たり前〟にできていることが、他の人にとっては「すごい」ことだったり、「教えてほしい」ことだったりするのです。

つまり、セミナー講師になるためには、まず自分自身のことをとことん掘り下げて理解・

分析することが必要なのです。

自分自身を客観視するために、周囲の人たちにヒアリングをして「自分は、何を必要とされているのか？」「どんなことを話したら喜んでもらえるのか？」を調べてみると、よくわかります。

私もセミナープロデューサーとして、セミナー講師を目指す人たちの強みを引き出してきましたが、本人にとっては「えーっ！ こんなことが強みになるの？」ということが、おもしろいほどたくさんあるのです。

私が主催している講師養成講座に、ある女性建築士が参加されたときのことです。

「仕事につながるようなセミナーがしたいのですが、とくに業務内容に変わった点がなく、何を打ち出していいのかわからない」――ご本人は、そうおっしゃっていました。

ところが、お話をしてみると、20代で起業して10年、2人のお子さんの子育てをしながら社長業をしているというのです。

「それです！ あなたの強みは子育て中のママだってことですよ！」

私がそう言うと、とても驚いていました。彼女にとっては、主婦であることも母であることも当たり前のことで、とても〝強み〟だとは考えていなかったからです。

ただ、住宅リフォームや新築も、女性が決定権を持つことが多くなってきている現代。専門家でありながら、現役の主婦・母として同じ目線でプランの相談に乗れる女性が作った会社、ということ自体が建築業界では珍しく、他社と大きく差別化ができます。

このように、セミナー講師を目指すことで、自分自身の思わぬ〝強み〟を発見することができるのです。

またもうひとつのメリットが、その**自分自身の〝強み〟をビジネスに結びつけることができる**、ということです。自分にとって〝当たり前〟のことが、どうビジネスになるのか？そう思われる方も多いのですが、セミナーではそれが可能なのです。

私は、セミナー講師として人に何かを教えるための基準として、ひとつの仕事で3年以上の経験があること、と決めています。

とはいえ、誰でも話せることやインターネットで調べればわかる程度の内容であれば、セミナーを開催しても継続して人が集まらないため、続けていくことはむずかしいでしょう。

つまり、セミナー講師を続けていくためには、3年以上の専門経験プラス、他の人とは違う〝強み〟が必要なのです。

他では聞けない話だからこそ、人は時間を作ってセミナーに足を運びます。前述した、自分自身の〝強み〟を、自分自身の経験と結びつけてセミナーにすることで、ビジネスに変わっていくのです。

たとえば、先ほどの子育て中の女性建築士の例でお話ししてみましょう。

業界経験は10年以上、と十分。彼女の最終目的は、セミナーを通して、本業である住宅リフォームの見込み客を集めることです。

そこで、セミナーテーマはいくつかの候補の中から、【整理・収納】に決めました。ただこれは、住まいの中でもとくに関心の高い内容であるため、すでにセミナーもよく開催されていて、出版物も多く出ていました。

つまり、他との明確な差別化が必要だということです。彼女の収納ノウハウ自体は、さまざまなところで紹介されているような基本的なものです。ただ、彼女の最大の〝強み〟である、社長業と主婦業を両立している子育て中のママ建築士であること、時間のない中でいかに効率のいい【整理・収納】技を編み出したのか、といったことをタイトルや内容部分で強調しました。

〝強み〟を最大限に活かしてそれを明確に打ち出し、経験談を盛り込む。それによって、他では聞けないオリジナルセミナーを作ることができ、結果的にビジネスに変えることができるのです。

経験や知識を、ノウハウとして提供することでお金に換わる

3年以上の専門経験に、自分自身の〝強み〟をプラスすると、セミナーがビジネスに結びつく可能性がある、とお伝えしましたが、そのために大事なのが、**セミナーを受講した人が「再現できる」方法を、ノウハウとして作る**ことです。

ところが、これがとてもむずかしいのです。自分の持っているノウハウを、これから始めようとしている人ができるやり方で伝えなければならないのですが、実績があればあるほど、何も知識がなかった頃の自分自身が思い出せないのです。

いつも、「名選手が名監督になれるとは限らない」という言葉が頭に浮かぶのですが、スーパースターとして華々しい経歴を残した選手が、監督になってチームを優勝にまで導けるかというと、全員が全員そうではありません。できるタイプの人ほど、「なぜ、こんなことができないのか?」と考えてしまうのです。

自分で身につける技術と人に教える技術は別物です。話を聞いた人が、そのノウハウを理解し、できると思えるステップに持っていくためには、想いや意気込み、考え方以上に、具体的な行動と実例をセットで話すことが必要なのです。

たとえば、モチベーションアップのためのセミナー。

『失敗したことや辛いことは引きずらない』というテーマで、「人生にはいいことも悪いことも起こるから、どんな結果のときもポジティブに考えるようにしましょう。すると引きずらなくなるし、いいことをイメージすることで、いいことが起こるようになります」と講師が伝えたとします。

そういうとき、「それは十分わかっています。本にも書いてあるし、他のセミナーでも聞いたのでそうしようと努力しています。それでもできない場合はどうしたらいいのですか？」という質問が出ることがあります。

この、「わかっているけどできない」「その方法がわからない」というのはよくある話です。気持ちの仕組みを理解すると、納得はできるのです。

ただ、考え方や気持ちの持ちようといったことは、いずれも抽象的なので、聞いているときは納得することができても、実際に行動できるかというと、そうでもありません。

だから、誰もが「私にもできるかも……」と思えるような、具体的な行動にまで落とし込んで話をしていくことが大事です。

「ポジティブに考えましょう」だけではなく、「毎朝、鏡を見て笑いましょう」「窓を開けて、朝の空気を感じる時間を作りましょう」「笑顔でおはようと言いましょう」といった行動レベルで紹介していくのです。

たとえば、気持ちの切り替えの話をする場合、私は「大好きなケーキを食べると、すっかり機嫌がよくなって嫌なことを忘れるんですよね」とか「聴くと元気が出る曲ってありませんか？　お風呂で大声で歌うと、気持ちが前向きになるんです」など、具体的な事例をご紹介します。

すると、「なるほど！　ではやってみようか」と腑に落ちるのです。

そういったことに価値を感じてもらえたとき、**「お金」という対価が発生します**。

私は、受講者としても数多くのセミナーに参加してきましたが、その際に考えるのが〝費用対効果〟です。

セミナーの受講料が高いか安いかよりも、払ったお金以上の価値を得られるかどうか。たとえば、5万円の受講料でも、それ以上の価値を今後の自分に還元できると感じられたら、迷わず投資します。講師として人前に立つ以上、**自分への投資が「仕入れ」になる**のです。

その〝価値〟とは、つまり「自分にできるかどうか？」ということです。たった数時間のセミナーで、講師が何年もかけて積み上げたことがすべて吸収できる、とは誰も思っていません。

ただ、たったひとつでいいのです。「なるほど！」と実感でき、自分自身の今後に活かせることで、「やってみよう」と思える方法があれば。

私自身、イメージや直感で行動するタイプなので、誰もができるように話をする、ということを考えたことはありませんでした。

しかし、誰もが具体的に行動を起こせる**「再現性」**を意識し、それを法則化して話せなければ、売れ続ける講師にはなれないのです。

話すことで自分自身の思考が整理され、より成長することができる

セミナーは、受講者が再現可能なノウハウを提供する場です。

人前で話すことは、練習したり回数を重ねていけば上手になっていきます。しかし、セミナーに重要なのは「構成」なのです。

なぜなら、授業や講演と違って、受講者に「自分にもできる」と思ってもらえる「ノウハウを伝える場」だからです。

ただ、この形を作り上げるのがとにかくむずかしいのです。それは、前項でもお話ししたように、できるようになった自分自身が当たり前になっているからです。成長の過程におい

て、簡単にできたこともあれば、何年も試行錯誤しながらやっと形になり、少しずつその形を変えて、今のスタイルとして確立されたものもあります。

ところが、今の自分が当たり前になっているため、たいへんなときをどうやって乗り越えたのか、ということが意外と思い出せないのです。

また一方では、自身の得意なことを専門分野にしていることが多いため、「自分では自然にできた」とか「簡単にできた」ということもあります。

そのような場合、その方法を人に教えることはとても困難です。できる人ほど、人に教えるのはむずかしいようです。私自身もそうでした。

会社員時代、営業が得意で、新規で大口の仕事をどんどん取っていた私は、新人の後輩から「そのやり方を指導してほしい」と言われたことがあります。

そこで、まずは電話をかけて面会の約束をしてもらう、いわゆるテレアポから始めることになりました。そもそも、私は営業が好きでしたが、その後輩は営業が苦手。

しかも、理屈ではなく感覚で営業を身につけた私に、「教えてほしい」と言われてもどう説明すればいいのかわからず、また何より、私はテレアポが嫌いでした。

そのため、できるだけテレアポをしないで取れる方法で営業をしていたのに、その会社では新人はテレアポからスタートと決まっていたのです。他の先輩が作ったテレアポマニュアルの一言一句を見ながら電話をしても、まったくアポが取れない後輩の「どうしたら、アポイントが取れるのでしょう?」という質問に、私はこう言ってしまったのです。

「そんなマニュアルを見ているから取れない。マニュアル通りにしなければアポは取れる」と。もちろん後輩は、「えっ?」と驚いた顔をしていました。

セミナーに置き換えて考えたら最悪です。私はできているから、私を見て感じてください! 背中を見て覚えなさい! ということだからです。これでは、ほとんどの方ができません。今なら、後輩にどう教えたらできるようになるのか、をきちんと説明することができます。しかし、このときは気づいていなかったのです。

人は、インプットだけではほとんど身につきません。**インプットしたものを、自分なりの理解や経験で考えてアウトプットしたとき、初めて自分のものとして身につけることができます。**

これは、セミナー講師も同じです。セミナーの構成を作るときの記憶をたどり、思い出し、資料を調べ、書き出し、考え……といった作業の中で、自分の思考がどんどん整理されていくのです。

同じセミナーを重ね、受講者の生の表情や反応、アンケートを通しての声などを受けることで、「こうしたら、もっとわかってもらえるな」とか「こう話したほうがいいな」ということがわかるため、自分自身のブラッシュアップにつながります。

さらには、いろいろと試しながら一番いいものを取り入れていく、といったテストをすることもできるため、そのつど自分の頭の中が整理されていきます。

また、初心者の方に説明するときなどは、どうすればわかりやすくなるのか、と考えて簡単な言葉を使い、どういう順番で、どのように話せばいいかを意識しながら、話を組み立てていきます。それを「声に出して読む＝自分の耳で聞く」ことで、新たな発見や理解が生まれます。

ふだん人に話しているときも同じです。家族や知人に、自身が参加したセミナーの内容を説明していると、話しながら「なるほど！」と感じたり、新しい気づきを得ることができます。

そういう意味では、インタビューをしてもらうこともおすすめです。プロに「取材」してもらうとうまく話を引き出してくれるし、質問に答えているうちに自分自身で「そうか！」と気づくこともあり、頭がどんどん整理されていくのです。

自分自身が整理できているかどうかは、人に聞いてもらうとよくわかるものです。話すために整理をするし、「わからない……」と言われると、言葉を置き換えたり具体例を出したり、と工夫をするからです。

私の場合、自分ではまったく気づいていなかったのですが、会話をするときに「いろいろ」という言葉をよく使っていました。

それに気づくきっかけとなったのが、どうしても仕事を取りたい店があって、2年近く営業を続けてやっと実現した、というエピソードを話したときのことでした。

このときのことを説明しようとすると、2年もかかっただけあって、とにかく話が長くなります。

そのため、自分の気持ちやきっかけなどを中心に話し、「いろいろあって、最後はアポイントを取ることができました」と説明したのです。

するとすかさず、「一番聞きたいのは、そのいろいろ、という部分です」という言葉が返ってきて、「そうか！」とハッとしました。自分が話したいことと、人が聞きたいことは違うのだ、と。ただ、私の話が聞きたいのではなく、どうやってそれができたのか、この肝心な部分が聞きたいんだ、と初めて気づくことができたのです。

話すうえで、主役は聞き手です。大切なのは、聞き手が聞きたいことを整理して話すこと。

それがわかってからは、聞き手を意識した構成を組み立てることができるようになり、話すということに自信もつきました。

見られることを意識するため、外見も磨かれていく

人に見られることは大事です。新人アイドルが、みるみるうちに輝いていくのがいい例です。お金をかけたから自信がついた、ということもあると思いますが、「人から見られる」ことを意識するからでしょう。意識をするからこそ、自分を磨くのです。そのために投資をする。その結果、自信がつくのです。

講師も、人前に立つ立場です。つまり、自分自身が「商品」なのです。服装、ヘアメイク、持ち物、姿勢、立ち居振る舞いなど、そのすべてがセミナーテーマに合ったイメージか、どう見せたいのか、どう見られたいのか、などということを意識することが重要です。つまりは、**内面を磨くことと同じように外見磨きも大事**ということです。

日本では昔から、「人は外見ではない。中身で判断しよう」などと言われますが、人前に立つ講師で外見を磨いていない人は、やはり生き残ることはできません。ときどき、ジーンズなどのラフな格好をしたり、ノーメイクの「大阪のおばちゃん」を思わせる講師がいます

が、実はそれもキャラクター設定として計算されたものなのです。

人気講師は、セミナーもひとつのエンターテインメントとして捉え、外見を作り込む方が多いのです。自分の見られ方について、真剣に考えて「キャラクター」を想定すると、似合うファッションが明確になるため、迷いが消えて衝動買いがなくなります。


講師は芸能人ではないのだから、話がよければ外見は関係がない――そう考える方がいるかもしれませんが、それはもったいないことです。

第一印象においては、視覚によってそのイメージを決めてしまいます。そこでダメだと思われると、話など聞いてくれません。

人が第一印象を判断するのは、たった数秒と言われています。受講者は、講師が出てきて前に立った瞬間、もしかしたらまだ声も発していない段階で、話を聞くかどうかを決めているのです。それを考えると、外見にこだわらないとは言えないはずです。

内容やプロフィールをよく理解している場合は別として、受講者がセミナーに行くかどうかを考えるときには、タイトルや内容、日時、金額などと同時に、講師のプロフィールや写真もひとつの基準にしています。

また、セミナーを受注する講師エージェントへの登録や営業時のプロフィールシートにおいても、写真はとても重要な要素なのです。

電車に乗ると、鏡を見ている若い女性をよく見かけます。若いときは、前髪のスタイルひとつを取っても気になっていたのが、年齢を重ねると鏡を見る回数が減っていきます。

しかし、鏡を見る回数と外見を磨く意識は比例しているのです。そして、外見に気を遣っていると、それに合わせて中身を磨こうとするようになります。

意識を変えるより先に行動を変える。そうすると、自然に意識が変わる、というのと似ています。ファッションやヘアメイクに合わせて他人から見た印象や自分自身の気持ちや行動が変えられることを、人前で話すことによって実感できるのです。

憧れの存在として、他人から必要とされるようになる

発信を続けていると、こんな言葉をかけてくださる方が現われます。

「お手本にしたい」
「私の憧れです」
「尊敬しています」

私自身、セミナー終了後に受講者の方に、初めてこのようなことを言われたときはびっくりするとともに、照れくさかったものです。他の講師がメインのセミナーで、パネルディスカッションのパネリストとして話をしたときには、終わった後にサインを求められたこともあります。

ただ、よく考えてみると、私も一受講者のときは同じでした。自分のなりたい姿を講師に重ね合わせ、雲の上のような手の届かない存在ではなく、努力したら目指せるかもしれない、と思えるような憧れの人の話を聞きに行っていました。

同じ分野の講師が数名いる場合は、その人柄をプロフィールから判断して、共通点の多い人の話を聞きたい、と選んでいました。

決して、そっくりそのまま、その講師になりたいわけではありません。ある講師は「プレゼン」、またある講師は「話し方」、またある講師は「コーチング」など、お手本にしたい専門的な部分で、その人のようになりたかったのです。

私は、ビジネス書や専門誌、新聞の記事を読んで、考え方に深く共感すると「直接話を聞きたい！」と思います。

たとえば、ビジネス書の著者であれば、セミナーをされていることが多いため、インターネットで「その人の氏名　セミナー」で検索し、見つけたらすぐに申し込みます。なかには、東京でしかやっていないセミナーもあって、セミナーを受講するためだけに、大阪から日帰りで行ったことも何度かありました。

不思議なもので、セミナーに行く前に、もうすっかりその方をよく知っているような気になっています。そんな想いを持ち、時間も費用もかけて行くセミナーだからこそ、話を聞くのが楽しみでなりません。

もともと、すでに共感して申し込んでいるため、話を生で聞けたら大満足です。

セミナー後は、名刺交換、握手、ときには著書にサインをいただいて記念撮影……こういった光景は、決して珍しいものではありません。

セミナー講師は、人によっては「憧れの先生」であり、「身近なスター」でもあるのです。

同性や同職種の場合は、さらに思い入れが強くなるでしょう。自分の人生に、セミナー講師を重ねたりすることもあります。

私の場合は「子どもを持つ働く女性」で、さらに起業することを目指していたため、会社員時代は「女性起業家」が憧れでした。しかも、子どもを出産してから起業した女性社長に対して、強い憧れを持っていたのです。

そういった女性起業家は、何名かいらっしゃいます。ただ私自身は、エリートコースまっしぐらといった方より、普通の女性が苦労して会社を立ち上げたという、自分にも手が届きそうな方に好感を抱いていました。

その中に、5年ほど前から注目していたひとりの女性起業家の方がいらっしゃいました。いつものようにその方の著書を読み、「直接話が聞きたい！」と思ったのですが、その方は企業の経営者向けのセミナーしかしておらず、一般向けにはセミナーを行なっていなかったのです。

それでも、どうしても行きたいと思った私は、役職もない会社員でありながら直談判しました。

私の熱い情熱が伝わったのでしょうか、セミナーに参加できることになりました。受講料は3万円。周りは貫禄のある、いかにも経営者然とした方ばかり。若い女性であり、社長でもない私は、その中で浮いていたかもしれません。

しかし、5年も前から憧れていた方に会えて、やっと生でお話を聞くことができて、感動で胸がいっぱいでした。セミナー後、名刺交換の列に並び、自分の番が来たとき、私は伝えたのです。「お手本にしたい、私の憧れの存在なんです」と。その方は、にこっと笑って、「いつか、一緒にお仕事をしましょうね」とおっしゃってくださいました。それから2年後、私はその方と本当に仕事をご一緒させていただいたのです。

講師のメッセージにはたいへんなパワーがあります。あのときの私のように、私のセミナーでも私が話した後に駆け寄ってきてくださる方がいます。そういう方には、私がしていただいたような優しい言葉をかけるようにしています。それが、「恩を送っていく」ということだと思うからです。

あなたのセミナーを聞きに来るのは、今のあなたを目指す人です。また受講者は、「過去のあなた」のような方々です。そして、今のあなたと同じようになるにはどうしたらいいのかを教えてほしい、と考えています。そう、あなたを必要としているのです。

人は、誰かに必要とされたいという欲求があります。セミナーを聞きに来る人は、みな講師を必要としています。仕事とは、消費者の役に立つことが基本だと思いますが、業種によっては、その消費者の声を直接聞く機会がほとんどないものもあります。

ところが、セミナー講師はセミナーという「ライブ」の場で、目の前で消費者の反応を知ることができるとともに生の声を聞くことができるのです。

だからこそ、こんなにすばらしい仕事はそうそうありません。人に必要とされるのは快感です。必要とされたいから、また誰かの役に立ちたいからこそ人前で話すのです。

そして、もっともっと必要とされたいから、さらにスキルを磨くのです。

積み上げてきた知識や経験を後世にまで伝え残すことができる

知識や経験をノウハウにしたものが、世の中の人を笑顔にしたり、困っている人の悩みを解決するものであれば、自分だけのものにするのではなく、**どんどんアウトプットしていくことで、多くの人の役に立つことができます**。自分が積み上げてきたノウハウを、ずっと継承して残せることができたら、こんなにすばらしいことはありません。

「セミナー講師」は、まさにそのような役割を持った仕事だ、と私は考えています。自分の利益や自己満足のためだけのセミナーであれば、長く続けていくことはできません。世のため人のためという使命感や志があるからこそ、聞きに来てくれる人が続いていくのです。始めるのは簡単ですが、続けていくことはむずかしい。そのために、努力し続けることが必要です。

仕事を始めた頃は、誰でも自分のために一所懸命がんばります。それが、歳を重ねるにつれて、自分のためだけではなく、みんなのため、そして社会のためへと志が変わっていく人が少なくありません。

とくに、セミナー講師を長く続けてきている人は、人のため、社会のため、といった使命感を持っています。

だからこそ、自分が積み上げてきたノウハウが、人から人へと伝えられ、後世まで人の役に立つことができれば、こんなにうれしいことはない、と考えます。

発信し続ける講師は、人の人生を大きく左右することがあります。人前での発信は、とても強い影響力を持っています。人の心に大きく響いたその知識やノウハウは、人から人へと伝えられ、後世まで残っていくことになります。

そう考えると、講師の役割が社会にとってすばらしいものになる可能性を秘めていることがわかります。

人生経験があればあるほど、それまでに培ってきたノウハウや実績に深みが出るセミナー講師は、年齢制限がなく、とても魅力的な仕事であるとともに、社会から必要とされるやりがいのある仕事でもあるのです。

この原稿を書いている最中、東日本大震災が起こりました。人生について深く考えるとともに、人の命は永遠ではない。だからこそ、何かを残すことで、人や社会の役に立てるすばらしさを再認識したのです。そう、「自分自身が生きていた証」です。

講師にもいろいろな人がいて、いろいろな考えがあります。たとえば、レジュメのコピーを禁止する人、しない人。ただ私が思うのは、ノウハウは常に進化し続けるものであるということです。

ある講師の方は「このレジュメをどんどん使ってください。データがほしい人は言ってくだされば送ります。名前だけ変えてセミナーをしてもらってもOKです」とおっしゃっていました。たとえ同じレジュメであっても、話す人が変われば違うものになる。それに、自分はもっと進化してさらによいセミナーを作るから大丈夫――その方はそう言われたのです。すごいな、と思いました。

これは、そのセミナー講師の考え方なので、一概にすべてがこうあるべきだ、と言いたいわけではありません。

これまでたくさんのセミナーを主催してきて、セミナーの根底にある原理原則とは、講師のオリジナルはその事例や組み立て方だと感じています。

レジュメをコピーしないで、と書いてあってもする人はするかもしれないし、書いていなくてもやらない人はやらない。

ただ、「これを教えてしまったらもったいない」と、本質部分はその先の有料契約でしか教えない、などとノウハウを囲い込んでしまったとたん、セミナーの価値も講師の価値も下がってしまいます。

受講者は、セミナーのテーマをしっかり勉強している人が多いのです。ですから、そのような姿勢はすぐに見抜かれてしまうのです。

書籍の執筆も、セミナーづくりとの共通点が少なくありません。私自身、本書で今私が持っているすべてのことを知っていただきたい、と思って書いています。

もちろん、セミナーでも「惜しみなく提供」しています。どちらにおいても、このスタンスが大事だと考えています。

次に取っておこう、ともったいぶったところで、他のセミナー講師や著者が先に話してしまうという可能性だってあります。すると、あの人のほうが多くの情報を持っている、ということになってしまいます。

ただこれは、自分のためにセミナーを開催しているうちは無理だと思います。知識を後世にまで残すことで、自分が人や社会の役に立つ、と考えてみてください。

そもそも、自分自身だって1人でここまで来られたわけではありません。いろいろな方々から教えてもらい、支えられた〝縁〟があってこそ、今の自分がいるのです。

だからこそ、**「恩を送る＝恩送り＝ペイフォワード」**が大切なのです。この覚悟ができれば、長く続けられる講師としての第一歩が踏み出せることでしょう。

1章のまとめ

「セミナー講師になる魅力とメリット」

・自分にとっての「当たり前」が、他人にとっては「すごい」こと
・3年以上の経験と強みをプラスしてセミナーにするとビジネスになる
・大事なのは、セミナーを受講した人が「再現できる」ノウハウがあるかどうか
・アウトプットすることで、初めて自分のものとして身につく
・セミナー講師は、自分自身が商品
・セミナーを聞きに来る人は、みな講師を必要としている
・セミナー講師は、知識を後世まで残すことで人や社会の役に立つことができる

2

誰でも
セミナー講師になれる

「誰かの役に立ちたい」という気持ちがきっかけになる

私が主催している講師養成講座で、「なぜ、講師になろうと思ったのか?」と聞いてみると、次のような言葉をよく耳にします。

「自分が、苦労して乗り越えた経験やノウハウを伝えることで、同じように苦労している人を助けたい」

「人の役に立ちたい」

「ノウハウを社会に還元していきたい」

私が地域情報紙の企画営業の仕事をしていたとき、地元で働く女性起業家にインタビューをする機会がたびたびありましたが、そうしたときにも同様の声をよく耳にしました。

「働きたくても、なかなか子どもが保育所に入れなかったから、保育施設をオープンした」

「体調不良から救ってくれたリンパマッサージを広めたくて、サロンを開いた」

「人間関係の悩みを軽減してくれたコーチングのプロコーチになって、悩んでいる人の相談に乗っている」

など、自分が救われたことに感謝し、同じように誰かを救いたいという想いが、起業のきっかけになっている人もいました。多くのセミナー講師も、そうした想いを持っています。セミナーもビジネスです。ですからその根本は、「誰かに喜んでもらうこと」「誰かに必要とされること」というのは、ある意味当然のことだと気がつきました。

私の場合は、地域情報紙の企画営業として、記事広告で地元の店や企業を紹介していたのですが、その発信がどうしても一方通行になってしまうという想いが拭いきれず、セミナーという双方向の場を提供しようと起業したのです。

それが、セミナーの企画・運営を始めた理由なのですが、そもそも、私自身がセミナーに行くのが大好きだった、ということもひとつの要因になっています。

セミナーに行くと、さまざまな情報が収集できるし、わからないことや疑問に思ったことは、直接講師に質問することができます。また、同じ目的を持って集まって来ている受講者との情報交換もできます。

私がセミナーを好きな理由は、そういったライブならではのよさがあるからです。また、**セミナーに来られる方は、お金を払って学びたいと思っている前向きな人が多い**ため、その場のエネルギーが高く、それが肌で感じられるからです。そんなセミナー好きが嵩じて、こんなに楽しいのなら自分自身で企画しよう、と思ったことも、きっかけのひとつです。

また、その地域情報紙のメイン読者が30～40代の子育て中の主婦で、自分自身とぴったり重なっていたこともありました。

先述の女性起業家のインタビュー記事を載せると、同じような経験を持つ読者の方々から、「子育てが一段落したので仕事に復帰したいが、いい就職先がない」という悩みが多く寄せられました。それなら、起業した人たちはどうやってその道を切り拓いてきたのか、意見交換の場を作ろう、ということになったのです。

女性起業家にとっては、自分自身が苦労してきたからこそ、体験談が読者のヒントになればうれしいし、読者は、どうやって子育てや家庭と仕事のバランスを取っているのかという話が聞きたい。そこで私は、その両者の役に立ちたいという想いで、セミナーの企画・運営を始めたのです。

そのうち、講師の話を聞いているだけではなく、自分自身も何かを発信したいという声が上がるようになりました。それが、後述するビジネスプランコンテストやセミナーイベント、また本格的に講師を養成をするための講座となっていったのです。

自分がやりたいことだけを、一方的にやっているだけでは長くは続きません。やはり、誰かの役に立ちたいという「使命感」こそが、自分の役割を長く続けていくための強い動機になるのです。

「発信したい」という欲求

セミナーの企画・運営を始めた当初は、どんな企画だと喜んでもらえるのか、それを探る意味でもいろいろと挑戦してみようと思っていました。日時や曜日、場所はもちろん、さまざまなテーマや講師のセミナー、イベントを開催するなど、ビジネスセミナーというより、交流会に近いものもありました。

参加者も女性が多かったため、講師も、女性がお手本にしたいと思うような女性講師が多かったのです。憧れの遠い存在ではなく、目標にできる、手が届きそうな身近な存在。そのような講師の話であれば、「私にもできるかも……」と思ってもらえる、と考えたのです。

それは、先述した通り、私自身がそうだったからです。いわゆるエリート講師の話は、どうしても非現実的な感じがして、自分とは違う世界の話と思われがちです。

しかしそれが、自分と変わらない、どこにでもいる人だったらどうでしょう。そういう人が、数々の苦労や挫折をがんばって乗り越えた今、その経験や具体的な考え方・行動を教えてくれたとしたら？　私にもできるかもしれない……きっとそう思えるはずです。

子育て中の主婦から起業した人、地元で活躍する女性起業家。そういった方々を講師として迎えたセミナーを何度か開催するうちに、たびたび足を運んでくれていた数名の方から、こんな声をいただきました。

「聞いているだけではなく、私も自分の得意分野のことを話してみたい」

そこで企画したのが、「ビジネスプランコンテスト」です。もし私が起業したら、こんなビジネスをします、という発表の場を作ったのです。発表者は8名。そのプランを、実際に仕事として行なっている人もいれば、まったくの夢という方までいましたが、とにかくそれぞれが、順番に自身のビジネスプランを発表し、その後の投票によって、優勝と準優勝を決めるのです。

審査員として、経営コンサルタントの方と女性起業家3名を迎え、一般の見学者も大勢集まって、ホテルで発表会を行ないました。そこで、8名全員がイキイキと、本当に幸せそうに、自分の夢を語ったのです。

もちろん、これだけ大勢の人の前で話すことは初めてで、緊張している人もいましたが、それでも真剣に聞いてくれる人たちを前に自分の想いを語るとき、人はこんなにも輝けるのだ、と感じました。

このコンテストで優勝したのは60代の女性で、「漠然とした夢ですが、いつか自宅カフェを開いて、地域の人が気軽に集まれる場所にしたい」というプランを話されました。審査員から、「カフェの様子が、まるで目に見えるようでした」と言われたように、その女性は1年後に夢を叶え、本当に自宅カフェをオープンしたのです。その後、お会いしたとき、その方はこんなことを言われました。

「人前で話したことで、夢が現実になりました。あの場がなかったら、今はなかったと思います」と。

そして私に、そういう場を作ってくれてありがとう、とおっしゃったのです。その言葉は、私にとってうれしいものでした。そのとき、発信するということは、自分自身の背中を押す大きな力になる、と気がついたのです。

人は誰しも、「発信したい」という欲求を持っています。ブログやツイッターが流行るのも、きっとそういうことでしょう。

とはいえ、それが一方通行なものになると、やはり寂しいのです。ブログでもツイッターでも、誰からも反応がなければ続きません。いい情報を載せると、コメントが増えたりお礼を言われたり……そうすると、もっとがんばろう、となります。

結局、**発信というのは、自分のためではなく誰かのためにしているもの**です。そこにはやはり、誰かの役に立ちたい、という想いがあるのだと思います。

当たり前のことが、他人にとっては「もっと知りたいすごいこと」

多くの講師の方々と接すると、どんな人でも〝オンリーワン〟の部分があることを感じます。好きなこと、得意なこと、経験を積み重ねてきたこと……本人にとっては、日常的で当たり前になっていることでも、他人から見れば〝すごい〟と思えることはよくあることです。

とくに、人が積み上げてきた経験には、時間とお金がかかっている場合が多いものです。

つまり、それだけの「投資」をしているからこそ、他人から見ると〝すごい〟と思えるものになっているのです。ただそれは、「〇〇で日本一」のような、わかりやすい実績ではないこともあります。

私の場合でいうと、「営業が得意」ということです。自分では、とにかく数をこなし、いろいろな苦労を乗り越えてきたからこそ、うまくいくパターンを見つけ出すことができたのです。

しかし、営業が苦手な人がこんなに多いと知ったのは、頼まれて営業セミナーを始めてからのことです。私の中では、「まさか！」という事実でした。これから会社を作ろうとしている人向けの「創業塾」で、営業が好きな人に手を挙げてもらうと、50名中1～2名だけだったのです。

起業をするとき、ほとんどの人は営業マンを雇うことなどなく、1人で始めることでしょう。となると、営業は社長である自分自身の役割です。そんな状況でさえ、営業が好きな人がほとんどいないという現実には、本当に驚かされました。

そういった現状から、いろいろな方に「どうしたら、営業が得意になるのか教えてほしい」という依頼をいただきました。

ただそのとき、セミナーを作るむずかしさを痛感しました。なぜなら、そのすべてが自分の中では〝当たり前〟になっていたからです。「セミナー」というのは、自分ができたことを、誰もができるように具体的な行動を伝えていくものです。**自分にとっての〝当たり前〟を、誰もが再現できるように、伝えていかなければならない**のです。

すでにできるようになっている自分にとって、この作業はとてもむずかしいことだったのを覚えています。

意外な展開で言うと、私が主催している講師養成講座「セミナー講師デビュー☆プロジェクト」を受講された、新名史典さんという男性の例があります。

彼は、わかりにくいことをわかりやすく、言いたいことをしっかり強調して伝える、「わかりやすい説明術」を伝授するプレゼンテーションサポーターとして講師をしたい、と勉強をしに来られました。自分の強みが人から求められていることを、彼はわかっていたのです。

一方で私は、彼のプレゼンスキルには興味がありましたが、それ以上に、彼の時間管理術に興味がありました。会社員として部長職に就いていながら、育児に積極的に参加する、いわゆる「イクメン」でもあった彼の、毎日保育園に子どもを送り迎えに行くという話に、仕事や家庭以外の学びの時間をどこで確保しているのかと聞いたところ、毎日21時には就寝し、2時に起きるということでした。早起きが苦手な私は、ただただびっくり。

ところが、よくよく聞いてみると、独身時代は私と同じように夜型人間だったとか。それを聞いた私は即座に、その早起き術と時間管理術をぜひセミナーにしてほしい、と思いました。そして誕生したのが、「イクメン部長の仕事も家庭もうまくいく時間管理術」というセミナーでした。

これこそ、本人にしてみれば「そんな需要あるの？」です。しかし、自分の強みやウリは、自分の考えの及ばない、意外なところに潜んでいるかもしれません。ですから、自分だけで考えるのではなく、周りの人にいろいろと聞いて意見をもらうことをおすすめします。

人は〝やろう〟と決めたら、年齢や立場に関係なく変化していく

地域情報紙の広告営業として勤務していたとき、多くの世代の方にインタビューをする機会があり、そのときに痛感したことがあります。

それは、「年齢を気にする人が多い」ということです。若ければいい、という風潮があるのでしょうか。あるとき、20代前半の女の子が、「私たち、もうおばさんですからダメです」と話しているのを聞いて、びっくりしたことがあります。

社会の影響によるものなのか、年齢を気にされる方はとても多いようです。しかし、気にする必要はありません。たしかに、若さが放つ初々しさはいいものですが、年齢を重ねるからこそ得るものもたくさんあるのです。

私の会社名である「Ｓｈｕｋａ Ｂｅｒｒｙ」は、「朱夏の実」という意味があります。「朱夏」とは、中国の季節を表わす言葉です。人生を四季に置き換え、青春の次に訪れる季節として表現されています。日本では、「青春」という言葉ばかりが取り上げられますが、その後に訪れる「朱夏」は燃え盛る情熱の夏。その言葉の通り、もっともパワーのある季節なのです。いくつになっても輝いていきましょう、そんな意味と想いが込められています。

そもそも日本語には、40代を総称するいい言葉はありません。一般的に多用される「中年」とか「シニア」などは、どちらもうれしい言葉ではありません。辞書にいたっては、「初老」と書かれているものもあります。

そこで、私が関わっていた情報紙の中で、人生の夏を生きる女性たちを「朱夏世代」と呼ぶことにしたのです。これには、女性からだけでなく、男性からも好意的に受け止められました。これが、現在の私の会社名につながっているのです。

セミナー講師になりたい、ということで、私のところに来られる方の平均は40代前半です。20代は非常に少なく、30代後半から40代の方を中心に、50～60代の方もいらっしゃいます。**セミナー講師は、経験やキャリアが活かされる仕事でもあるため、人生経験が豊富な方のほうが適しています。**

以前、「セミナー講師デビュー☆プロジェクト」の説明会に、69歳の女性が来られたことがあります。とても美しくておしゃれで、どう見ても50代くらいにしか見えないその方は、こんなことをおっしゃったのです。

「私はもうすぐ70歳になります。今まで苦労ばかりの人生だったけれど、いつも笑顔でいることでうまくいきました。周りの60～70代には悩んでいる人が多いけど、そんな人生はもったいない。私がやってきた、楽しく毎日を過ごせる方法を、いろいろなコミュニティで伝えたい。残りの人生は、人の役に立って充実した日々を過ごしたいのです」

そこに集まっていたのは、ほとんどが30〜40代の方々でしたが、みなさんから「すばらしい！」と拍手が起こったほどです。私は、「ぜひ、そうしてください！」と、その方にお伝えしました。

何かを始めるのに、年齢や立場は関係ありません。「もう若くないから……」「会社員だから……」「主婦だから……」「子育て中だから……」「忙しいから……」と、できない理由を自分で作ってしまうのは残念だし、本当にもったいないことです。

「セミナー講師デビュー☆プロジェクト」には、会社員の方も、起業準備中の方も、子育て中の方も来られています。人は、〝やろう〟と決めたら変化します。そんな人をたくさん見てきました。だから私は、やりたいけど迷いがある、という人の背中は押します。

ただ、最後に決めるのは自分自身です。人は、「自分がやれること」しか思いつかないものです。

「ありがとう」と言われる快感は最高！

人生の転機。それは、何気ない日常の中で出会うことが多いものです。たとえば、誰かの言葉や本を読んでいるとき、あるいは映画を観ているとき……それは人それぞれです。

しかし実は、セミナーが転機になったという人も意外と多いのです。私自身もそのひとりです。そもそも人は、お金を払って参加するセミナーには、「何かをつかもう！」と思って足を運んでいます。事前に、講師のホームページを見たり著書を読んだりする中で、その想いや考え方に共感するからこそ行動に移すのです。

そのうえで参加するセミナーは、**自分の想いややりたいことを確認する場でもあるため、その中でハッとするひと言に出会い、それが自分自身の転機になることも多い**のです。

たとえば、私が主催した女性建築家による「女性は自宅で起業しよう」というセミナー。講師は、建築会社の社長であり子育て中の母。彼女の実体験から、自宅を新築して事務所を併設することで、たとえば子どもを寝かしつけてから夜に仕事をしたり、と自分のペースで子育てや家事、仕事ができるため、女性には向いているのではないか、といったお話をされていました。

そのセミナーの参加者の1人で、いつかリラクゼーションサロンをオープンするのが夢だという美容師の女性は、その講師の想いに共感し、セミナー後すぐに個別相談を申し込みました。

その後、その夢はあれよあれよという間に大きく膨らみ、何と自宅を購入し、美容室とサロンを作る、という夢をトントン拍子に叶えたのです。私もびっくりしましたが、一番驚いたのは当のご本人でしょう。

もちろん、転機となった要因はセミナーだけではありません。ただ、「セミナーが背中を押してくれた」とご本人も話しているように、ひとつの大きなきっかけになったことは間違いありません。

他にも、たったひとつのセミナーで人生が大きく変わった人がいます。たとえば、「セミナー講師デビュー☆プロジェクト」を受講された、勤務経験のない子育て中の主婦の方がいます。

「主婦業だけの人生ではなく、いつか自分自身を活かせることをしたい」という想いから、このプロジェクトに参加し、自分が本当にやりたいことが何なのか、その方向性を徐々に固めていったのです。今では、主婦業の傍ら勉強を続け、着々と準備を進めています。

また、「いつかは起業したい。そのとき、セミナーをすることで、自分のビジネスを広げたい」と受講された、会社員の女性もいらっしゃいます。その方は、思いのほか早く、「いつか」を迎え、講座修了後、わずか1年足らずで社会保険労務士として起業しました。

この方の場合、さまざまな要素の重なり合いによって実現したのだと思いますが、少なくともこのプロジェクトに参加し、自分の方向性がはっきりしたこと、自分自身に自信がついたこと、夢や目標を応援してくれる心強い存在として、4ヶ月間ともに学んだ同期の受講生がいたこと、なども決断を早めたきっかけになっているのだと思います。

こうして、セミナーに参加するということで、大きく人生が変わることになった方をたくさん見てきました。私自身、みなさんから「ありがとう」という言葉を聞くことができ、そういった場を提供したことに感謝していただけます。集客でたいへんだったことや苦労したことも、すべてを吹っ飛ばしてしまうほどうれしい瞬間です。

また、セミナーの最後に「いいお話を聞かせていただき、ありがとうございます」と言われると最高です。講師も、参加者も、主催した側も、みんながハッピーになれるからです。そのように、誰かに感謝してもらえるということは、本当にやりがいを感じます。だから私自身、続けていくことができるのです。

2章のまとめ

「誰でもセミナー講師になれる」

・セミナーには、前向きな人が集まる
・セミナー講師には、「誰かの役に立ちたい」という使命感が重要
・真剣に聞いてくれる人の前で想いを語ると、人は輝く
・発信は、自分のためではなく、誰かのためにするもの
・自分の〝ウリ〟や強みは何かを、周りの人に聞いてみよう
・何かを始めるのに年齢や立場は関係ない
・たった1回のセミナーで、人生が大きく変わることがある

3

セミナー講師になる法

（心構え・準備編）

自分自身の棚卸しをして、自分年表を作る

セミナー講師として長く続けていくための第一歩は、まず自分自身を知ることです。そして、自分を好きになること。これに尽きると思います。意外に思われた方も多いかもしれませんが、これは、私自身が長い時間をかけてやっとわかったことでもあります。

講師になるには、まず話がうまくなくてはと思ったり、特殊な才能が必要と感じる方が少なくありません。かくいう、私自身もそうでした。

しかし、何度もいろいろなセミナーに行く中で、「心に残るセミナー＝講師自身の魅力」だということに気づいたのです。

セミナーはビジネス書に似ています。

ビジネスの原理原則は昔から変わりません。結局のところ、根本は同じです。何度かの体験によって、そう感じることができるようになるはずです。そのような、決して変わらない不変のものは、これからもスタンダードとして存在し続けることでしょう。

しかしそれは、話す人や書く人によって違ったものになります。なぜなら原理原則が、その人自らの実体験を通して語られるからです。

だからこそ、聞く人が「おもしろい！」と感じられるものに変化するのです。

つまり、講師というのは人ありき、の職業です。**話術や特殊な才能よりも、まず講師自身の魅力が不可欠**なのです。

それにもかかわらず、自信のない人が多いこともまた事実です。自分自身を過小評価することは、講師に憧れてセミナーを聞きに来ている方々に対して、失礼なことだということを認識しておきましょう。

自分を好きではない人を、人が好きになってくれるでしょうか？

自分自身をよく知らない人、知ろうとしない人に、人が興味を持ってくれるでしょうか？

講師は、自信に溢れていてほしいのです。〝自信がある〟ということを、〝自信満々〟と捉える人も多いようですが、そうではありません。〝自信を持つ〟ということは〝自分を信じる〟ということです。ありのままの自分を受け入れることが、「自分を信じる＝自信」なのです。

そのためのひとつの方法として効果的なのが、自分年表を作ることです。私も、この自分年表を作ったことで、あらためて自分自身を知ることができました。

私は、講師としてか、プロデューサーとしてか、どちらのスタンスで仕事をしていくのか、迷っていた時期があります。「セミナー講師デビュー☆プロジェクト」で、セミナー講師養成講座を始めた私は、しだいに自分の進むべき道がわからなくなっていたのです。結局、どちらも中途半端になりそうで、とても悩んでいました。その頃、講師の依頼を受けながら動けなくなっていた私に、師匠であり、講師としても1人の女性としても尊敬する大谷由里子さんから、こう言われたのです。

「自分年表を作ってみたら? 自分のことが見えるよ」

今まで、自分のことを振り返ることはあっても、紙に書き出してみることはありませんでした。しかしその結果、自分自身を見つめ直すことができたことで、自分がどんな想いで今のために歩んできたのかがわかったのです。この自らの体験を通しての実感があるからこそ、〝自分年表づくり〟をおすすめするのです。

自分年表の作り方はとても簡単です。生まれてから、毎年の出来事を書いていくだけです。

【自分年表の作り方】

1. まず、西暦とその横に自分の年齢を記入する。その年に起こった印象的な出来事を書いていく

2. 思い出せる年から順に書いていく

3. 思い出しやすいように、写真や卒業アルバムなどを見ながらふり返る

4．思いついたことをどんどん書き出すことで、思い出が浮かび上がってくる

誰に見せるものでもないので、書式などは気にせず、とにかく空白の1年がなくなるまで埋めることが大事です。そうすると、人生いいときもあれば悪いときもあって、どちらも永遠ではないことに気がつきます。

と同時に、何年かに一度、〝転機〟があることにも気づくでしょう。紙に書くという作業は、頭の中を整理するには最適の方法です。

こうして、自分年表を書いて自分自身を棚卸しすることによって、自分を知ることができ、自分を信じることへとつながっていきます。ただ、これは〝意識して作る〟からこそ、わかることでもあるのです。

人生の転機から学んだことを書き出す

年表を作ることで、なぜ今この仕事をしているのか、どのような想いでこれまでやってきたのか、始めたときどんな夢を持っていたのか、といったことを、より深く理解することができます。そこでまず、**ターニングポイントから何を学んだか**、ということを書き出してみましょう。

ターニングポイントとは、人生を変えるような出来事——いわゆる〝転機〟のことです。それは、自分自身の経験だったり、誰かの言葉だったり、本や映画から感じたことなど、人によってさまざまです。

自分自身の経験という面においては、成功体験だけでなく、失敗からの学びも多いものです。失敗や挫折によって、辛い思いをしたからこそ学んだこと。自分のように苦労する人を少しでも減らしたいという使命感などを持ってセミナーをしている講師も多いのです。

たとえば、私の場合の大きなターニングポイントは、

26歳　苦労して転職
33歳　出産後の育児と仕事の両立に悩む
37歳　仕事を辞めて、将来が見えなくなる
38歳　入院・手術
39歳　娘が登校拒否に。その対応に1年間奮闘する
42歳　起業

と、このような感じです。

26歳で初めて、この先どうしたらいいのか、ということを考えました。それまでは、何となくやりたいことを仕事にしてきたけれど、それが一生続けていける仕事ではないことがわかったのです。

ずっと続けていける、やりがいのある仕事とは何か？　そう考えたとき、自分には資格どころか活かせる経験が何もない、ということに気がつきました。

そして、39歳のとき娘が小学校に入学し、世間には働いていないお母さんがいる、ということに、娘が気づいたのです。物心ついたときから、ずっと保育園児だった娘。小学校の入学式終了後、学校の敷地内にある学童保育に連れていくと、1年生は娘1人。仕事を終えて迎えに行った私に、娘は怒ってこう言いました。

「働いていないお母さんがいるのに、どうして働くの？」

そこから娘の登校拒否が始まったのです。毎日、娘を自転車で小学校まで送り届けても、門で泣かれ、教室前で泣かれ……それが1年ほど続いたでしょうか。何度もくじけそうになりましたが、不思議と私の中には仕事を辞める、という選択肢はありませんでした。

そこには、「女性が結婚しても、出産しても、普通に働ける社会にしたい」とか「そのお手本になりたい」という使命感があったからです。だからこそ、たとえ何年かかったとしても学校まで送っていこう、という気持ちでいました。

ところが、そんな生活はある日突然、あっさりと終わりを告げたのです。

「私、歩いて行くわ」

2年生になったとたん、娘はそう言って学校に通うようになりました。このときの体験から、私は学んだのです。子どもは成長する。終わらない苦労はない。だから、自分の信念は曲げずにいこう、ということを。

人は、こうしたターニングポイントを経ていろいろなことを学び、成長し、人生において進むべき道を決定しているのです。講師として、セミナーで原理原則を話すとき、こういった**自分自身の実体験を交えるとわかりやすく、かつ聞く人の心にも残ります**。

そのためにも、ターニングポイントから学んだことを書き出してみましょう。もちろん、転機と呼べないような小さなエピソードでもいいのですが、まずは転機と呼べるような大きなターニングポイントからの学びを書き出してみることをおすすめします。そうすることで、小さなエピソードからの学びも書き出しやすくなります。

今の自分とどうつながっているのかを考える

人生の転機から学んだことを書き出すことで、さまざまな発見があります。たとえば、自分では気づかなかったことや忘れていたことにも気がつきます。

「ピンチのときこそチャンスがある」と言いますが、何か事件が起こったときに自分を見つめ直し、原因や今後を考えることで、新しいことを学ぶ機会は多いものです。ターニングポイントにどう考え、どう行動したのか。もし違う選択肢を選んでいたら、今とは違う人生になっていたかもしれません。現在の自分は、過去の経験の積み重ねによって作られているのです。つまり、すべてはつながっているということです。

セミナー講師としてのベースは、自分自身を知るということです。

セミナーの内容は、現在の自分の得意分野であるはずです。では、その転機となったターニングポイントから何に気づき、何を学び、それが今の自分とどうつながっているのか。それを考える作業は自分年表同様、意識していないとできないことです。

しかし、それをしっかりと考えることによって、受講者が再現できる方法が学べるセミナーにすることができるのです。

先にも書いたように、過去の積み重ねによって〝今〟があります。しかし、その時々には、必ず葛藤や決断があったはずなのに、人間はどうしても過ぎ去ったことは忘れてしまうのです。

そうすると、今の自分のことだけを話してしまい、聞いた人たちが再現することができないセミナーになってしまいます。

しかし、セミナー受講者が求めているのは、**セミナータイトルにある内容を、講師と同じようにできるようになること**なのです。その方法を教えるのがセミナーである、ということをしっかりと認識することが大事です。

いろいろな転機がある場合、それらをセミナーの内容にきちんとつなげることがポイントです。受講者が、「なるほど」と思うとともに心に残り、かつすぐに行動に移せる内容であること。ひとつの転機で、たくさんの気づきを得る場合もありますが、すべてをピックアップする必要はありません。

話したいことは、あれもこれもと膨らみがちですが、ひとつの転機にひとつのノウハウがベストです。自分の中では、何が一番役に立ったのか。自分自身で一度すべてを書き出してみて、そこに順位をつけて絞り込んでみるといいでしょう。

そうすると、ベストなノウハウが出てくるはずです。

これらをうまく仕上げるためには、年表の作成でとにかくいろいろなことを思い出し、転機をどんどん出していくことです。最初は、よく思い出せないこともありますが、棚卸し、ターニングポイントの書き出し、今の自分とのつながり、という作業を繰り返し行なってみてください。

そして、ある程度それができたら、セミナー内容から逆に考えていく、という方法もやりやすいかもしれません。

たとえば、「人間関係をよくするコミュニケーションセミナー」を開催する場合。逆に考えるというのは、「私は昔、人とうまく会話ができなくて人間関係に悩んでいたのに、いつから悩まなくなったんだろう？」と考え、その時期をおおまかに決め、その頃に何があったのかを思い出してみる、ということです。

「そうか！　その頃、人はみんな自分の中に答えを持っている、と本で読んだんだ。それまでは、相談されたら何かいいことを言わなければ、と一所懸命考えて提案して、結局人がその通りにしないと、『どうして、私の言う通りにしないのよ』と考えていたけど、答えは本人が出すんだ。ただ、話を聞いてほしかったんだと知って、無理に提案しなくてもいい、と思えて、すごく楽になったんだ」と思い出すことができたら、これが転機です。

ところが、こういうことを考えなければ、〝本を読んだ〟ということ自体は、日常的なことなので、ターニングポイントからの発想だということが、なかなか表に出てこないものなのです。

しかし、それを知ったことによって人間関係が楽になった。だから、コミュニケーションセミナーでは、人間関係がうまくいっていない方向けに、コミュニケーションを意識することでよい変化を起こせる、その根拠と具体的な方法を伝えたい。そう考えると、きちんと過去がセミナーにつながってくるのです。

受講者はセミナー講師の伝えてくれるノウハウを、自分自身ができるようになりたいのです。ということは、過去の自分のような人に向けて話をすると考えるといいでしょう。

たとえば、先ほどのコミュニケーションセミナー。

・過去の自分は人間関係に悩んでいたが、その原因がわからなかった
・もっと言えば、自分はコミュニケーション上手だと思っていた
・今はできている自分が当たり前になっているため、できなかった頃の自分自身はどうだったか、よく思い出すことができない
・年数が経つごとに、昔からできていたような気がしてくる

――このようなことはよくあることですが、ここに気がつかないと、受講者が置いてきぼりにされるセミナーになってしまうため、注意が必要です。

「喜・怒・哀・楽・笑・驚・感動」エピソード＋気づきを作る

次に、内容を豊富にするための、ネタのバリエーションの素を作っていきましょう。

知人の講師の方に、自分のセミナーテーマについて、「喜・怒・哀・楽」で、それぞれ27通りのエピソードがあればベストと教えてもらったのですが、それ以前に、〝喜〟と〝楽〟の違いがよくわからなくて調べてみたところ、さまざまな定義があったため、私は「喜＝結果」「楽＝プロセス」と定義づけることにしました。

さらに、どちらかというと〝喜〟は〝受け身の出来事〟であり、〝楽〟は〝自発的な出来事〟というように考えました。

そのようにして、テーマから「今まで楽しかったのはどんなときだろう？」と考えていくと、「そういえば、小学校のとき……」と、自然に心の中に浮かび上がってくるのです。

そして、それをいくつも書き出していくのです。この時点では、おおまかな記憶でOKです。時期がはっきりしないものもありますが、思い出していくうちに前後の記憶もはっきりしてきます。思い浮かんだ時点で書き込んでいくほうが、作業はスムーズに進みます。

さすがに、すぐに27通りも出てこないので、まずは10通りを目標に書いていくといいでしよう。そのように作業を進めていくと、〝喜怒哀楽〟にあてはまらないものが出てくることがあります。それは、「大笑いしたこと」「びっくりしたこと」「感動したこと」などです。

そこで考えたのが、**「喜・怒・哀・楽・笑・驚・感動」のエピソード＋気づき**を、それぞれ10通りずつ考えていくことでした。

では実際に、私のやり方をご紹介しましょう。

まず、年表をパソコンのエクセルで作成してプリントアウトします。私が作成した年表は3ページになっていたため、3枚を横に並べて、すべて見えるようにしました。そして、その手前にノートを1冊用意します。そのノートの一番上に、「喜・怒・哀・楽・笑・驚・感動」と1ページずつ書いていきます。あとは思いつくまま、あてはまるページに簡単なエピソードタイトルを書いていくのです。

このときのポイントは、詳細な内容までは書かない、ということです。そして、いくつかのタイトルを書いたら、年表をながめて前後の記憶をたどっていきます。

なかには、ひとつの出来事がふたつの要素を持っている、というものもあります。たとえば、怒った後に喜んだとか、哀しかった後に感動したなどです。

その場合、ノートのどちらのテーマにも書き込んでおきます。ただし、タイトルの後ろに(怒→喜)や(哀→感動)という記載をどちらにも入れておくのです。そうすることで、それらがふたつのテーマにまたがるエピソードであることがわかります。

それぞれのテーマで、だいたい10通りずつエピソードが書けたら、次のステップに進みます。そこから、気づいたこと、学んだこと、ためになったことなどを、思い出して書いていくのです。くれぐれも、この作業はじっくり行なうようにしてください。というのも、エピソード自体は思い出すことができても、そこから得た気づきは自分ではよくわかっていないことが多いからです。

ここで、具体例をお話しします。

それは、「怒」のエピソードを考えていたときのことです。26歳のときの出来事です。年末に、新幹線で博多に行くことになっていた私は、新大阪駅に着くと、電気トラブルで新幹線が3時間以上止まっていること、またいつ動くかわからないことを告げられました。先のスケジュールがまったく見えない苛立ちに、駅員さんに詰め寄り、「いったいどうなってるんですか！」と怒ってしまったのです。

数時間後には新幹線は復旧し、無事に博多に到着したのですが、正月明けに会社に行くと、何人もの同僚から「新大阪駅で、えらい怒ってたやん」と言われビックリ。何と、私が駅員に詰め寄る姿がニュースで流れていたらしいのです。私はこのとき痛感しました。「いつ、どこで、誰が見ているかわからないから、ふだんから素行には気をつけよう」と。それが、この出来事から得た私の「気づき」でした。

このエピソード＋気づきは、「人前に立つ講師は、いつ誰に見られているかわからないので○○を気をつけましょう」という話の事例として使っています。

このように、気づきはシンプルなことですが、エピソードとセットになることでわかりやすくなります。

周りの人に、教えてほしいことをヒアリングする

1章で「自分のことは自分ではよくわからない」と言いました。20歳前後の頃の私はとても醒めていて、「自分のことは誰もわかってくれない」と思っていました。

しかし、今考えると、人はいろいろな面を持っていて、自分が見ている自分と他人が見ている自分は違う、ということなのです。しかもそれは、人によって全然違う。今ではそれを、おもしろいなぁ、と感じることができます。

たとえば、自己中心的でわがままで、短気で姉御肌。これは、私が認識している自分自身です。ところが周囲からは、おっとりしている、と言われることがあります。また、あると

きは天然キャラと言われて驚いたこともあります。このように、人に聞いて、初めて気づくことがあるのです。

同じように、自分が「よい」と思っていることが、他人にとっても「よい」かどうかは、聞いてみなければわかりません。才能や経験を多く持ちすぎている人ほど、迷ってしまうものです。

私自身も、今まで何度か転職をしてきたため、さまざまな経験がありますが、セミナーの核はひとつに決めたほうがいいと考えました。では、私の核になるものは何なのか。これにはずいぶん悩まされました。

私自身が好きなテーマは、〝セミナー〟〝コミュニケーション〟〝ワークライフバランス〟。得意なものは〝営業〟〝転職〟でした。しかし、〝転職〟はずいぶん以前のことで、今の時代とはマッチしないため、ビジネスとしては難しい。逆に、企業が求めるのは〝営業〟ですが、他の講師とどう差別化したらいいのか、がわからなくなっていました。

そのため、迷いなく方向性が定められる「この道ひと筋〇十年」という、職人的な人をうらやましいと思ったこともありました。

とはいえ、自分が話したいことと他人が聞きたいことは違う場合があります。そこで、周りにヒアリングをしてみたところ、「講師のための営業」のニーズがあることがわかったのです。「講師のための……」となると範囲は狭くなりますが、たしかに、〝講師〟には営業が苦手な人が多いことも事実でした。

〝講師〟というのは〝物販〟と違って、人前で話す〝先生〟であるため、どうしても自分からは売り込みにくい業種なのです。

そのため、他者開催のセミナー講師として採用してほしいとき、自分自身を、どこにどうやって営業していくのか。そういうものが求められていることを、ヒアリングによって知った私は、そこで初めて、「得意なこと」と「好きなこと」がうまくマッチングし、かつセミナーとして成り立つことがわかったのです。

「セミナー講師」としての仕事が成立するのは、そのセミナーの内容を聞きたい人がいる、ということに尽きます。

自分の持っている経験や知識の中で、人が教えてほしいと思うこと、学びたいと思うことはあるのか。あるとしたら、それは何なのか。それを知るためには、やはり周りの人にヒアリングしてみるのが一番です。

ヒアリング相手としては、自分のことをよく知っている人ほどいいでしょう。また、ヒアリングの際に一番大事なことは、お金を払ってでも聞きたいことかどうか、ということです。ときどき、「私が教えることなんて、そんなたいしたことではないので、費用はいくらでもけっこうです」とか「お金を取ってまでは……」と考える人がいます。

しかし、私は断言します。長く続けていく講師を目指すなら、初めから「お金の取れるセミナー」を作るべきです。

それは、プロとしてお金をいただくのは当然のことだからです。受講者の立場から考えてみると、無料のセミナーに対しては、「無料なのか……じゃあ、あまりいい内容ではないな」と考えるはずです。また、「無料ということは、何かを買わなくてはならないのかな」と思われることもあります。

しかし、資料作成のための費用や会場費など、あなたがセミナーをするという行為は、決して無料ではないはずです。何より、あなたが手にしてきた経験には、それらを得るための先行投資＝お金がかかっているのです。

さらに、セミナー開催にあたっての準備には時間もかかっています。「タイム・イズ・マネー」という言葉があるように、今や、時間はお金に勝る価値なのです。

だから、きちんと対価をいただく必要があるのです。そのためにも、お金を払ってでも教えてほしい内容なのかどうか、といったことに重点を置いてリサーチすることが大切です。

では、お金を払ってでも教えてもらいたい内容とは、いったいどういうものでしょうか？　それはズバリ、あなたにしか話せないことです。だからこそ、実体験にもとづいたノウハウであることが重要になってくるのです。

好きなこと、得意なこと、一番お金を遣ったことを書き出す

再度、自分の棚卸しに戻ります。3つ前の項目で「ターニングポイントとなる転機から学んだこと」を書き出しましたが、ここではまず、**自分の好きなこと**を書き出してみましょう。

ただその際、まず自分自身をいったんすべてリセットしてから臨んでいただきたいのです。

そして、セミナーやビジネスといったことは意識せず、とにかく自分の好きなこと、興味のあることを、どんどん書き出してみてください。マジックや占いといった趣味でもいいし、子どもの頃から好きだった切手集めでもいいのです。そういったことを、100くらい書き出すつもりで取り組んでください。

好きなことが書き出せたら、次は**得意なこと**です。

もちろん、好きだから得意ということもあるので、好きなことと重なっていてもOKです。こちらも、どんどん書き出してみてください。"得意"の基準は、自分自身が決めればいいのです。ただ、基準をあまり高くしすぎると出てこなくなるので、注意が必要です。

とにかく、人よりもうまくできること、「いいなあ」と人から言われたこと、「すごいね」と褒められたところ、「教えて」とお願いされたことなどを思い出してみるとわかりやすいでしょう。

たとえば私の場合。

得意なことは営業、転職、立ち直ること、思い込むこと、嫌なことを受け流すこと、初めての人とも緊張せずに話せること、自分を褒めてやる気にさせること、人を応援すること、惜しみなく捨てること、過去にしがみつかないこと、前を向いて生きること、などです。こんな感じで、とにかくどんどん書き出していきます。

こういった作業をする場合に大切なことは、「思い込みをはずす」ということです。大人になるほど、常識や体裁を意識してしまい、なかなか新しい発想が出てこなくなります。

しかし、人のためではなく、あくまでも自分自身のためにやることですから、人からどう思われたってかまわないのです。

私が「おもしろいなあ」と思ったのは、講師養成講座を受講しに来た、ある1人の男性でした。その方は、女の子のフィギュア（人形）をいつも持ち歩き、人前に出て話すときも、それを前に置いて話すのです。

最初は驚きましたが、自らを〝オタク〟と名乗り、「オタク向けの資格取得対策セミナーの講師になりたい」と言うその方は、難関国家資格を次々に取得。その理由を、「オタクは凝り性だから」と話していました。

その場にいた全員が「なるほど〜」と納得。好きなことがフィギュア集め、得意なことが資格取得と、かなり説得力がありました。何よりも、〝オタク〟向けのセミナーなんて聞いたことがありません。ということは、他ではあまりやっていないという差別化もできているのです。

彼はきっと、オタクのことはよくわかっているから狭い範囲でやっていけるし、今後需要がありそうだ、と思いました。

これぞ、まさに究極のブランディングと言っていいでしょう。たとえ趣味であっても、極めれば極めるほどビジネスになるのです。

ところで、好きなことや得意なことを書き出すことが何になるの？　セミナーとどんな関係があるの？　と疑問を持たれた方もいるのではないでしょうか。

しかし実は、これこそセミナーのネタになったり、同じようなセミナーと差別化するための要素として、大きな効果を発揮するのです。

好きなことと得意なことが書けたら、次は**一番お金を遣ったこと**です。

一番、となるとむずかしく考えるかもしれませんが、まずは複数でもいいのでいくつか出してみるのもいいでしょう。注意したいのは、できるだけ具体的に書いていくことです。勉強やファッションといった大きな範囲ではなく、英会話とか○○の資格取得のため、洋服、靴、鞄……その他にも引っ越しや旅行など、より細かく具体的に書き出してみてください。

あるセミナーに行ったとき、マナー講師の方が冒頭の自己紹介でこんなことを言われました。

「私は、自分自身に400万円かけました」

会場にいた受講生は、全員「えー！」と驚いたのですが、その後に、

「と言っても、全身整形ではありません。私が受けた研修の総合計金額です」

とネタばらしをしたのです。これは、いわゆるセミナーの〝ツカミ〟と言われるネタでありワザなのですが、私は正直「うまいなあ」と感心しました。

400万円の自己投資をしたから、私は講師として本日みなさんの前に立っています、と事実をそのまま話すのではなく、ユーモアを交えながら、自然に印象づける高度なテクニックです。

このように、自分が一番お金をかけたことが、セミナーの内容に直結しているのがベストです。そうすることで、受講者が納得するからです。

私の場合もやはり、一番お金を遣ったのはセミナーです。これを計算すると、たいへんな金額になります。昨年は、押さえたつもりでも約40万円。1年に100万円以上使っていたこともあるため、今までの合計は1000万円を軽く超えているはずです。

ただ、私の場合はセミナーを事業にしているため、個人としてだけではなく会社としての〝仕入れ〟でもあり、経費ということになります。これは、いわゆる〝投資〟であるため、かけた金額以上のリターンがきちんとある、ということを意識してセミナーを受けています。

その大前提は、その場限りにならず、行動できて自分自身が変われる、ということです。これは、逆にセミナー講師側に立った場合、受講者がそうできるものを作らなければならない、ということにもなります。

無形のものへの先行投資は、高額であればあるほど勇気が要るものです。だからこそ、満足できるセミナーを作るためには、自身への自己投資も〝仕入れ〟として欠かせないのです。

ブログを書いて「発信」の練習をする

「話すこと」と「書くこと」には共通点が少なくありません。なかでも相手がいる場合は、どちらも、「伝わる」ということを意識するため、どのような言葉で、またどのような順番で、といった構成を考えてから取り組みます。

ひと口に「話す」と言っても、セミナーは世間話とは違います。会話のキャッチボールではないからこそ、聞いている人に一つひとつを理解してもらう必要があります。そこで、構成が重要になってくるのです。

自分が伝えたいことを、他人に「伝わるように伝える」ためにはどうすればいいのでしょうか。

そのためには、文章を読むことはもちろん、自分で文章を書いてみること、それを他人に見てもらうことなどが、セミナー講師としての「発信」のための練習になります。その練習のステージとして最適なのが、ブログなのです。

私自身が、ブログを始めたのは２００５年。ただ、そのときは3ヶ月で挫折してしまいました。理由は簡単。何となく始めてしまったからです。目的がなかったことで続けられなくなってしまったのですが、その後、仕事の発信を目的にしたブログを再スタートしてからは挫折することはなく、現在まで続けています。

ブログを書く目的を「講師としての発信」とすると、内容も〝講師目線〟で書けばいいため、ブログを始めたものの何を書いていいのかわからない、という状況は起こりにくく、息長く続けていくことができます。どんな題材であっても、〝セミナー講師〟のフィルターを通せばいいのです。

あまり無理をして続かなくなってしまってはダメなので、自分に無理のないペースで書いていけばＯＫです。ただ最初のうちは、できるだけ毎日書くようにしましょう。なぜなら、そのために毎日ネタを探す習慣が身につくからです。「今日は何を書こうかな」と意識していると、自然と情報に敏感になります。

また、常にアンテナを張っていることで、今まで気づかなかった情報が、目や耳から入ってくるようになります。

そのネタ探しは、セミナーで話すネタづくりにも役立つし、セミナーで話したい内容をブログに書いて読者の反応を見ることもできます。ブログは一方通行ではなく、相手の反応がある〝双方向のメディア〟なのです。

ブログは、今や講師にとっては不可欠のものです。私も、「講師のブランディング」というテーマで、「ブログを始めましょう」というセミナーを何度か行なってきました。

「セミナー講師デビュー☆プロジェクト」の中でも、**本名と顔写真をしっかり出してブログを書くこと**を、積極的にすすめています。その意図は、自分が誰で何をしているのか、を知ってもらうためです。

だからこそ本名、またはビジネスネームを写真とともに公開しましょう、とすすめるのですが、とくに女性は「何かあったら怖い」と、躊躇される方が少なくありません。

しかし、消費者の立場で考えていただきたいのです。どこの誰かもわからない人が講師をしているセミナーより、名前と顔を出しているほうが安心だと思いませんか？

私は、人に何かをすすめるとき、まず自分自身で体験し、それが本当にいいかどうかをたしかめることにしています。ブログでの名前と顔出しも、自分自身でまずやってみました。

そして、その結果を踏まえたうえで、いろいろ心配されている方に「怖いことはまったくないから安心してください」と伝えています。

実体験を伝えると、安心して実行していただくことができます。これは、セミナー講師も同じです。講師の実体験がノウハウとセットになっているからこそ、受講者は納得して次の行動を起こせるのです。

検索の時代である今、仕事を依頼しようと思ったとき、また何かを買おうと思ったとき、インターネットで検索をかけて調べ、納得してから行動する人が多くなってきています。

それは、セミナーも同じです。セミナーに行こうとするときの検索、セミナー講師を依頼するときの検索……ブログを書き続けているとおのずと記事数が増え、そのような検索にヒットするようになります。書けば書くほど、その確率は高くなっていきます。

だからこそ、ホームページがなくてもブログは必須なのです。

3章のまとめ

「セミナー講師になる法（心構え・準備編）」

- 長く続けられる講師になるには、自分自身を知って好きになること
- 失敗や挫折から得た学びこそがセミナーのテーマとなる
- 現在の自分は、過去の積み重ねによって作られている
- 「よいセミナー」は、聞いた人に行動を起こさせる
- 教えてほしい人、聞きたい人がいて、初めて「セミナー」となる
- 長く続けるなら、最初からお金が取れるセミナーを作ること
- 「書いて伝えること」が、人前で話すことの練習になる
- ビジネスなら、名前と顔写真の公開は必須

4

セミナー講師になる法（組み立て編）

何のためにセミナーをするのかを決める

セミナーを開催するにあたって、もっとも大事なことであり、最初に決めなければならないことは何でしょうか？

それは、何のためにセミナーをするのかという「セミナーの目的」です。

これを明確にすることによって、対象者、開催日時、場所、受講料、構成、仕組みなどを、ブレずに作り込むことができるのです。

では、「セミナーの目的」とは、具体的にはどういうことでしょう？

- **セミナーを開催した、という実績を作るため**
- **1人でも多くの人に自分を知ってもらうため**
- **自分のビジネスの確実な見込み客を得るため**
- **セミナーで収益を出すため**

など、さまざまなものがあります。ただ当然、「1人でも多くの人に自分のことを知ってもらう」のが目的のセミナーと、ズバリ「収益を出すため」のセミナーとでは、対象者も受講料も違ってきます。すると、募集方法などをはじめとしたセミナーの作り方がまるで違ってくるのです。

たとえば、「確実な見込み客を得るため」のセミナーの場合、多くの人を集める必要はありません。むしろ、意識の高い人が少人数というほうが、一人ひとりに気を配れるし時間もかけられるため、顧客満足度は高くなります。

ただ、セミナー初心者はどうしても、「セミナーを開催する」ことをゴールにしがちです。そうなると、人がたくさん集まれば集まるほどよい、と勘違いをしがちです（次項で詳しく説明します）。

しかし、「セミナーの目的」によっては逆効果になってしまうこともあるため、せっかくセミナーを開催したにもかかわらず、結局うまくいかない結果で終わってしまうこともあります。

大切なのは、**「セミナー開催の目的」を達成すること**。それこそがセミナーの成功、と言えるのです。

ただ、今まで多くのセミナー初心者の方々のお手伝いをしてきましたが、初めからそこまで考えている人はほとんどいない、というのが現状でした。かくいう私自身も、最初の頃はそうでした。

だから、リサーチの意味も含めて、自分が興味のあるテーマのセミナーをどんどんやりました。ただ、今から思うと、目的が間違っていたため対象者が絞りきれず、結果的にいろいろな時間帯や曜日で開催してみるなど、いかに多くの人を集めるか、ということばかりを考えていたのです。

その頃の私は、来てくれる人が多ければ多いほどセミナーは成功、と感じていたからです。セミナー実績が増える、という意味においてはよかったのですが、何度か同じことを繰り返しているうちに、あることに気づいたのです。

「どのセミナーも、1回きりで終わってしまっている……」

受講者の方々からは、「よかったです」とか「目からウロコが落ちました！」というお言葉をいただいていたし、みなさん喜んで帰っていかれる。しかし、これでいいのだろうか？　と考えるとともに、セミナー開催のノウハウをきちんと学んでいなければ継続はむずかしい、と感じ始めたのです。

それからは、「セミナー講師」という立場だけでなく、「セミナー主催者」という運営側についても学ぶようにしました。

それまでは、受講者の立場でセミナーを聞いていたのですが、それ以降は売れ続ける講師のセミナーに申し込んだときから、どのようにセミナーが作られているのかを徹底的に調べることにしました。タイトル、ホームページなどでの告知方法、開催日時、曜日、場所、申し込み方法、入金方法、メールなどでのやりとりについて、などなどです。

すると、どうでしょう。セミナーの仕組みや仕掛けがしだいに見えてきたのです。

たとえば、開催日時ひとつ取っても、対象者や業種によってまったく違いました。会社員が対象だから平日の開催にしているのかとか、同じ平日でも、週初めや週末は忙しいから避けたほうがいいのか。また逆に、比較的時間に自由な経営者が対象であっても、やはり週初めや週末は忙しいから、中日である水曜日や木曜日が集まりやすい。しかし、業種によっては微妙に違う。また、欠席者を減らすために事前支払いにしている、などなどです。

それまでは、目的も対象者も絞れていなかったために見えていなかったことが、霧が晴れるように明確になり、「なるほど」と、自分自身の中に落ちてきたのです。

セミナーの受講時も、ずっと講師に近い前の席に座っていましたが、それからはできるだけ全体が見える後ろの席に座るようになりました。なかでも、セミナー開始前のスタッフの動きには注目しました。

長く続いているセミナーはやはり、きちんと仕組み化されているものです。セミナー後の「受講者に行動を促す」ことが何か、という目的が明確に決まっているのです。

また、セミナーの成功を左右する言葉として、よく「準備10倍」と言われます。これは、講師がセミナーを作ってから本番の10倍練習して、やっときちんとできるという意味です。たとえば、2時間のセミナーなら練習時間は20時間。しかし実は、それまでの作り込みには、この何十倍もの準備と時間が必要、ということを忘れてはいけません。

何のためにセミナーをするのか。まず、これを決めてから準備に取りかかりましょう。

誰に来てほしいのかを明確にする

セミナーの目的がはっきりしたら、次は、誰に来てほしいのかを考えましょう。

1人でも多くの人に来てほしい――セミナー初心者であるほど、そう思いがちです。〝誰〟と言われても、明確に絞り込むことはむずかしく、目的を決めるよりもずっとむずかしいことかもしれません。ただ、ここを明確にすることで、その後の迷いや悩みがぐっと減るのです。

マーケティングでは、顧客はたった1人に決めるのがよい、とよく言われます。性別、職業、住まい、家族構成、趣味・嗜好、友人関係、性格など、たった1人の〝誰か〟をイメージして、その人に訴えかけるように商品を作り上げ、HPやメールレターで発信していけばよい、と。

しかしこれって、とてもむずかしいことなのです。私自身、何度か挑戦してみたのですが、イメージだけではそこまで作り込むことができず、実在する人物で考えてみても、そんなに細かく知り尽くしていないため、結局よくわかりません。

そこでたどり着いたのが、ひと昔前の自分自身に焦点をあてることです。つまり、かつての自分自身を思い出し、そのときのことをイメージする、というものです。私にとって、このやり方が一番やりやすい方法でした。

誰に来てほしいのか？　それは、どんな人にお客さんになってほしいのか、ということです。つまり、どんな人の役に立ちたいと思っているのか、です。究極を言えば、どんな人が好きなのか、だと思います。なぜなら、好意を持てない人の役に立ちたい、とは思わないからです。

共感できる人、考え方や想いを共有できる人、それが理想です。そのためには、**まず先にセミナー講師が、自らの想いをはっきりと提示していくこと**です。

1人でも多くの人に来てほしい——そう思っていたときは、誰にでもあてはまるような曖昧な表現でセミナーの告知をしていました。そうするとどうなるのか。たくさんの人は来てくれるものの、万人向けの漠然とした内容になってしまうのです。

実際の事例でお話ししましょう。

コーチングを学びたい人のためのスクールを運営していた私は、そのスクールに入ってもらう、という目的で会社員向けにセミナーを開催したとき、「コーチング＝コミュニケーションスキル。ということは、どんな人にも役立つ」と考えて、セミナー対象者の幅を広げすぎてしまったのです。

本来の目的は、「コーチングっておもしろいな。習いたいな」と、会社勤めの人に思ってもらうことでした。なのに、対象者を広げすぎてしまったことで話が絞りきれず、結果的に目的をはたすことはできませんでした。

本来であればこの場合、「プロのコーチを目指す会社員向けのコーチング講座」としたほうが、対象も目的も明確になったはずです。

もうひとつ、別の例でお話ししましょう。

会社員をしながら、副業でネットショップを運営して成功し、その後起業された方が、「初心者のためのネットショップセミナーをやりたい」と相談に来られたことがあります。その方が悩んでいたのは、対象者をどうするか、ということでした。

ネットショップコンサルタントとして、子育て中の主婦の方を年商６００万円以上にした、という実績をお持ちのこの方が、その事例を交えた主婦向けのセミナーを2回開催したところ、20名近くが集まったとのことでした。

ただ、その中で実際に行動に移した方はほとんどいないということでした。それを聞いて、「今回は、副業を考えている会社員向けのセミナーでいきましょう」と提案したのです。

それまでの私の経験から、主婦よりも会社員のほうが決定・行動が早い、と考えていたからです。もうひとつは、講師自身が男性であること。そして、会社員から副業で起業した、ということ。何と言っても、自分自身が実例ですから、告知もしやすいし、受講者もブレにくくなります。

セミナーの目的は、コンサルティングを受けてネットショップを始める、という行動を起こしてもらうことです。主婦向けと会社員向けでは、開催時間や曜日はもちろんのこと、セミナータイトルや告知文がまるで違ってきます。つまり、対象者、目的というものがはっきりすれば、その後の作り込みも格段に楽になるのです。

聞いた人にどうなってほしいのかを決める

〝セミナー〟と〝講演〟は違います。明確な定義がないため、それらを混同している方もいるし、解釈はさまざまです。私の中での定義は、聞いた人が実践できるノウハウが入っているかどうか、ということです。

〝講演〟は、有名人や偉業を成し遂げた人の体験談が中心なので、感動・感心・納得が得られるものです。「へ～」「ふ～ん」「すごいなぁ」で満足、というのが私の印象です。つまり、講演そのものを体感しに行くのが目的なので、聞いた後で、「あの講師のようになりたいなあ」とは思わないのです。

一方、セミナーの場合は、話を聞いて「ふ～ん」では終わらせず、今自分にできることは何なのかを知りたくて行くものだと思います。

ときどき、講演のようなセミナーに出会うことがありますが、とても残念な気持ちになります。受講者がセミナーで聞きたいのは、**どうやって成功したか、というノウハウであって、講師の体験談ではありません**。「講演をしたい」と講師養成講座に来られる方もいますが、誰が、知らない人の体験談などを聞きに集まるでしょう? ですから私は、よほどの有名人でない限り、セミナーからスタートすることをおすすめします。

〝講演〟と〝セミナー〟の違いで言えば、もうひとつあります。講演講師は、〝講演〟そのものが仕事であり、講演料をもらうことでビジネスが成り立っていますが、セミナー講師の場合、講師料だけでビジネスを成立させるのは、よほどの有名人でない限りむずかしい、ということです。情報が、無料で簡単に手に入る今の時代では、より厳しいと言えるでしょう。

そもそも、「セミナーで儲けよう」と考えて講師になるようでは、長く続けることはできません。もちろん、あちこちから声がかかる、引く手数多の講師や企業や自治体、大学などからの依頼によってセミナーを行なっている講師は、その講師料でビジネスが成り立っているかもしれません。

しかし、その場合は経験と実績が不可欠になるため、どうしても、一部の売れっ子講師に集中してしまいます。つまり、ほとんどの講師がセミナーでは儲けていないのです。

通常、自主開催のセミナーから講師を始めるのが一般的であり、その講師のほとんどが、セミナーそのものでビジネスをしているわけではありません。セミナーをフロントにして、本業の商品やサービスを販売しているのです。

よくある例で言うと、「ファイナンシャルプランナーによる保険のセミナー」や「士業による専門知識のセミナー」などです。これらは、自身の顧客になってもらうことで、初めてビジネスになるのです。

受講者は、セミナーで「モノを売りつけられる！」と感じると引いてしまうし、初めからそれを察知されてしまうと、集客にも影響します。あくまでも、セミナーは情報提供の場なのです。ただ、あまり控えめすぎると、ビジネスとしては成り立ちません。

私は、受講者としてセミナーに参加する場合、いくつかのノウハウの中からたったひとつでも自分にできるものが得られたら、それで満足です。その講師とまったく同じになろうとは思わないし、業種や方向性が違っていても、いかに自分が共感できるものがあるかを見極めて、そこで得たひとつを、必ず実行するようにしています。

受講者にとって、ひとつでも知らなかったものを自分のものにすることができたなら、セミナーに行った価値はあるはずです。だからこそ、講師は出し惜しみせずにノウハウを提供していかなければなりません。

このバランスはとてもむずかしいものですが、決して間違えてはならない大事な部分です。ですから、まず最初に「受講者にどうなってほしいか」を決めておくと、このあたりのブレを解消することができます。

私は、本題に入る前にセミナーゴールとして、「聞いた人にこうなってほしい」ということを発表するようにしています。なぜなら、それが気持ちの共有になるからです。

今日のセミナーは何のためにしているのか、今日のゴールはどこなのか、このセミナーが終わった後、受講者にどうなってほしいのか。これを先に共有しておくと、受講者側の〝聞くイメージ〟が明確になるのです。

この「どうなってほしいのか？」は、前述の「何のために？」や「誰に来てほしいのか？」とセットで考えたほうがわかりやすいでしょう。

この3つを絞り込めば絞り込むほど、その後の作業が進めやすくなります。「誰に？」のところで、たった1人に絞り込むことができたら、「どうなってほしいか？」は、必然的に決まってきます。

逆に、「できるだけ多くの人に来てもらいたい」と思ってしまったら、きっと誰にでもあてはまるような一般的な内容になってしまい、「どうなってほしいのか？」のイメージも、「できれば、数名がこの後のステップアップ講座に申し込んでくれたらうれしいなぁ」といった、消極的なものになってしまいます。

それによって、やる気いっぱいで参加した受講者の方たちに物足りなさを感じさせてしまうことがあるのです。

本当に「よいセミナー」とは、「受講者に行動を起こさせるセミナー」です。どれだけいい話を聞いても、もしそれだけで終わってしまったら、それは決して「よいセミナー」とは言えません。セミナーを聞いた人が実際に行動した結果、うまくいくからこそ口コミが起こり、リピートされる講師になっていくのです。

セミナータイトルの考え方

セミナーの集客はタイトルで決まる、と言っても過言ではありません。私自身、何千回とセミナーに関わる中で、タイトルの影響力の大きさを知りました。集客にかなりの影響力を及ぼすとともに、**来てほしい人に来てもらえるかどうか**、にも大きく関係してきます。

たとえ、内容がまったく変わらなくても、タイトルひとつでまるで違うものになるのです。セミナーの告知をするようになって、「言葉の持つ力」の威力を感じています。まったく同じ内容のセミナーでも、言葉の使い方ひとつで、来る人が変わってしまうのです。

繰り返しになりますが、セミナー初心者がよく陥りがちなのが、できるだけ多くの人に集まってほしいという思考です。その結果、漠然としたタイトルをつけてしまうことになります。

そうすると当然、漠然とした人ばかりを集めてしまうことになり、「こんなセミナーだとは思わなかった」というズレを引き起こす可能性があります。

たとえば、「あなたにもできる！　夢を見つけて叶える方法」というタイトルをつけたとします。万人にあてはまる内容にはなるものの、具体的に何のセミナーかわかりません。またこの表現だと、「夢がない、夢が見つけられない」という人を集めてしまうことになるでしょう。

また、ときどき見かけるのが、「不安を煽る」セミナータイトルです。たとえば、「このままだとダメになる！」とか「知らないと損をする！」、「まだ続けるのですか……？」といった類のものです。

私は、こういった表現方法はおすすめしません。やはり、ネガティブな言葉を使うと、ネガティブな感情を引き寄せてしまうからです。

ですから私は、同じ意味でもできる限りポジティブな言葉に置き換えて使うようにしています。「このままだとダメになる！」は「○○すればもっとよくなる！」、「知らないと損をする！」は「知っていると得をする！」というように、です。

実はこれは、タイトルだけに限ったことではありません。セミナーの告知やあいさつ文、セミナーの企画書にも共通していることなのです。

たとえば、コミュニケーションのセミナーに来てほしい人を文字で表現するとき、「人間関係がうまくいかない方」「接客、営業が苦手な方」「人前に立つと緊張する方」としてしまう方がいます。以前の私もそうでした。

しかし、これをポジティブな言葉に置き換えてみるとどうでしょう。

「よい人間関係を築きたい方」「接客、営業が得意になりたい方」「人前に立って上手に話せるようになりたい方」となります。どちらも意味は同じです。しかし、決定的な違いがあるのがわかるでしょうか。それは、後者は〝自発的〟であるということです。

前者の表現で告知をしてしまうと、悩みを持っている方が集まります。これは、実際にあったことですが、「何とかしてほしい」という、依頼心の強い人ばかりを集めてしまう結果になってしまったのです。

セミナーでは、講師が自身の体験から得た気づきを、再現できるノウハウとして提供します。受講者がそれを再現するには、聞いただけでなく、実際に行動しなければなりません。

後者の表現の場合は、「○○したい」という方を集客することができます。自分で何とかしたい、と思っている人たちですから、行動する確率もぐんと高まります。

このように、言葉の使い方ひとつでセミナーの結果を大きく変える、ということを知っておいてください。

では、実際にタイトルのつけ方のポイントについてお話ししましょう。

私がおすすめするポイントは、次の3つです。

1. もっとも伝えたいキーワードを入れる
2. 受講したらどうなるのか、がわかるようにする
3. 時流を意識する

さらに、ステップアップとしての3つのポイント。

1. サブタイトルで強調する
2. 講師の肩書きや特徴を入れる
3. 数字を入れる

なかでも、とくに意識したいのが、「時流を意識する」ということです。言葉や表現には流行があります。たとえば、「品格」という言葉が流行っていた時期があります。その当時、「○○の品格」というセミナーを開催したこともあります。

しかし、今はもうこの言葉は使っていません。「○○力《りょく》」という言葉はまだ使える、と思っていますが、それも一歩間違えると「時代遅れ」となりかねません。

言葉や表現の流行というのは、年々変わっていくものです。だからこそ、常に情報には敏感に、アンテナを張って生活をするようにしましょう。私は、ベストセラーとなった書籍のタイトルや雑誌の特集タイトルなどを意識するようにしています。

では、実際にうまくいった実例を紹介しましょう。まずは、メインタイトルのみの例です。

【実例①】
元新聞記者が教える！　誰とでも話がはずむ「聴き上手」マニュアル

〝元新聞記者〟という講師の特徴が入っていることで、〝聴き上手〟の説得力が上がります。コミュニケーション系のセミナーは山ほどあるため、内容では大きな違いは出せません。つまり、差別化がしにくいジャンルなのです。

だからこそ、講師が誰でどんな人なのか、を全面に出すことをおすすめします。

【実例②】
年間6000円から始める！　かんたんネットショップ運営講座

このセミナーを受講したら、ネットショップが運営できるようになるんだな、と思えるシンプルなタイトルです。このセミナーで集めたかったのは、初心者の方でした。
そのため、「費用がかかるんじゃないの？」「むずかしいんじゃないの？」といった、始める前の二大疑問に見事に答えています。しかも、そこに具体的な数字を入れています。「年間たった6000円でいいの？」というインパクトと「簡単なんだ」という安心感。お手本にしたいタイトルです。

次に、サブタイトルをプラスする例です。前につけても、後ろにつけてもかまいません。仕事でもお世話になっている、森川あやこさんの例です。

【実例①】
78000人のオーディションを勝ち抜いた元女優講師から学ぶ「愛され力アップ講座」

メインタイトルは、元女優講師から学ぶ「愛され力アップ講座」です。〝愛され力〟という流行の言葉。〝元女優〟という希少性と説得力。さらに、サブタイトルに入れた〝78000人〟という数字。女優というだけでもすごいのに、78000人ものオーディションを勝ち抜いたという事実が、「なるほど愛され力があるからだ！」という説得力を増しています。

【実例②】
前川あゆのポジティブ・コミュニケーション
〜3秒で心をつかみ3分で好かれる人になる方法

これは究極の例です。実験的ではありましたが、フルネームを入れてみました。たくさんあるコミュニケーションセミナーとの差別化を図るために、〝前川あゆ流のノウハウ〟ということを強調したのです。まさに、オンリーワンです。そして、サブタイトルに数字を入れることでインパクトを演出。

さらに、同じようなリズムの繰り返しにより印象に残る言葉になっています。何度かセミナーを開いている方やオリジナルの理論をお持ちの方は、タイトルにフルネームを出すことに、ぜひとも挑戦していただきたいものです。

話す人にふさわしい講師プロフィールを作る

セミナー講師にとって、「プロフィール」は非常に重要です。私がここで言う「プロフィール」とは、経歴そのものではなく「見せ方」「伝え方」のことです。今までに何度もお伝えしてきたように、これからのセミナー講師にはオリジナリティが大事です。

そのキーワードは、「差別化」「オンリーワン」です。だからこそ、自分が何が得意で、どんな人なのか、ということをわかってもらうための「プロフィール」が重要なのです。

ビジネス書を買うとき、私はタイトルに興味を持ったら、まず最後のページを開いて著者のプロフィールを見ます。私にとって重要なのは、どんな人が書いているのか、ということなのです。

セミナーを受けるときも同じです。タイトルの次に見るのは、講師のプロフィールです。その後に内容、最後に日時や金額、会場といった詳細です。

もし、日程や場所などの都合が悪くても、タイトルと講師に興味を持ったら、メルマガを登録したり、ホームページをチェックして、いつかはセミナーに行こう、と候補に入れるのです。

講師を募集するときも同じです。セミナータイトルは、その人が何を話せるのかを判断するのに重要ですが、それよりもむしろ、私はプロフィールを重視しています。

自社の場合は、フォーマットも設けていないし字数の制限もありません。そのほうが、応募される方のオリジナリティが見えるからです。また何より、文章の書き方ひとつで、想いがこもっているかどうかがわかるからです。

では実際に、プロフィールの作り方についてお話しします。まずは、プロフィールの基本パターンを作っておくのがいいでしょう。おすすめは、ツイッターの140文字プロフィールです。私は、140文字ジャストで作っています。

ビジネスでツイッターを使っているのにもかかわらず、プロフィールをほとんど書いていない方がいますが、これはとてももったいないことです。自分自身を知ってもらう、絶好のチャンスなのですから。

そのポイントは、会社名や肩書き、使命や目標、その仕事をしている理由、特徴的なPR、少しプライベートな面などがわかることです。

ただ、最初から140文字でそれらをまとめるのは少々むずかしいため、まずは250文字前後で作ってみて、少しずつ削っていくとやりやすいでしょう。

私が、まず初めに作ったプロフィールを紹介します。

セミナー&研修で人材育成プロデューサー

接客・営業で日本一の実績と、５０００回のセミナー経験をもとに「セミナーや研修を使って目標を達成する」方法を教える専門家。「脱ストレス営業」をキーワードに、ビジネスを伝えたい・広げたい経営者や起業予定者、ビジネスパーソンのためのオンリーワン販促支援に情熱を注ぐ毎日。会いたい人に会ってやりたいことができるポジティブで行動的なＡＢ型だが、よく知る人からは「天然」と言われることも。

一女（11歳）の母。株式会社ＳｈｕｋａＢｅｒｒｙ（シュカベリー）代表取締役

これをベースに、ツイッター用のプロフィールを作りました。名前とＨＰ、ブログなどのアドレスは別途入るため、本文のみで１４０字として考えています。

セミナー＆研修で人材育成プロデューサー

接客営業で日本一の実績と５０００回のセミナー経験をもとに、「セミナーや研修を使って目標を達成する」方法を教える専門家。脱ストレス営業！　会いたい人に会ってやりたいことができるＡＢ型。飲むと毒舌。知人からは天然キャラと言われる11歳娘の母。

株式会社ＳｈｕｋａＢｅｒｒｙ（シュカベリー）代表

しかも、このプロフィールは少しずつカスタマイズしています。新しい情報を入れたいときや打ち出したい内容が変わったときはすぐに変更します。今も1ヶ月に1回程度は、少しずつ修正を加えています。

こうしたプロフィールを作っておくと、他で講師募集の話があったときにもすぐに使えます。ときどき、「こんな講師いない？　候補者を出してくれない？」という依頼がありますが、そういったときにすぐに紹介できるのも、このようなプロフィールと顔写真がある方です。いくら、「いいな」と思っている講師でも、プロフィールと顔写真をもらっていなければ、よほど代わりのきかない方以外は見送ってしまいます。

顔写真は、プロに撮ってもらった本気の写真を1枚用意してください。携帯で撮った写真やスナップ写真を送ってこられる方は、講師として本気で仕事をするつもりがあるのか、と見られてしまいます。

たった1回だけのセミナーだったとしても、主催者には多くの人たちの要望に応える責任があるのです。だから、写真の選び方ひとつにも慎重になるべきだ、ということを理解しておいてください。

以前、高額セミナーの提案をしてきた講師に顔写真をお願いしたところ、家族と一緒に写したスナップ写真を送ってこられたことがあります。主催者と同じ想いで、同じ方向を向いている方でないと一緒に仕事はできないし、他の方にも紹介することはできません。

講師にとって、〝写真〟は商売道具であり仕入れです。また、1枚の写真を5年も使っている方もいます。

プロにヘアメイクをしてもらい、プロのカメラマンに撮影をしてもらっても3万円前後ですから、ぜひここは本気の写真を撮っていただくことをおすすめします。

少し話がずれましたが、こうしてプロフィールができ上がるとコツがつかめてきます。長々と経歴を並べるのではなく、自分が誰かを紹介しているように書くと、書きやすいでしょう。あとはセミナーの内容に合わせて、プロフィールを少しずつ変化させてください。

私が、大阪市の「男女参画共同事業」で「ワーク・ライフ・バランス」というテーマで講師をしたとき、次のようにプロフィールを変化させました。

専業主婦が理想とされていた時代に、働く母を見て、子どもの頃から結婚しても出産しても働こうと決めていた。超バブル期に大手化粧品メーカーに就職するが、「結婚の壁」「出産の壁」「自身の病気」「娘の登校拒否」「娘との別居」など、次々に事件が起こる中、決して働

くことをあきらめず、三度の「奇跡の転職」を経て平成21年に起業。
現在は、株式会社Shuka Berry（シュカ・ベリー）代表として、セミナー、研修を企画・運営・プロデュースし、とくに自身の経験を社会に役立てたいと、働く女性や社会復帰したい女性をサポートしている。「会いたい人に会ってやりたいことができる！」と思い込むことにしている、ポジティブで行動的なAB型。よく知る人からは「天然キャラ」と言われている。会社員の夫、小学校5年生（11歳）娘の3人家族。

また、建築業界でのコミュニケーション研修では次のようにしました。

化粧品メーカー、百貨店勤務、工務店、広告・イベント企画会社での接客・営業職を経て、2006年よりコミュニケーションと行動心理について学ぶ。翌年より講師として、接客と営業で身につけた豊富な実例と実技を取り入れた参加型の講座を開始。「目からウロコ」「すぐにできそう！」と好評を得る。2009年8月、セミナーと研修の企画・運営事業で法人化。コミュニケーション専門スクールも大阪と神戸で運営。建築業界では11年以上、営業、設計、現場監理を担当。二級建築士、IC（インテリアコーディネーター）の資格を持つ。

このように、セミナーの内容や対象に合わせて、企画書の段階からプロフィールを変える講師は、グッと「差別化」ができることでしょう。

セミナーの構成を考えて企画書を作る

タイトル、対象者、目的、内容、プロフィールが、ある程度揃ったら、セミナー企画書を作ってみましょう。最初は、練習のために何パターンも作ることをおすすめします。

たとえば、同じ内容のセミナーでも、対象者に合わせてタイトルやプロフィールも変えていくのです。これを何度か繰り返すことにより、企画書の作成が早くなります。

そして、自主開催セミナー以外にも、セミナーを提案する営業ツールとしても使えます。パソコンにデータとして保存しておくと、いざというときに見てもらうこともできます。

企画書は、シンプルな文字だけで十分です。タイトル、対象者、プログラム（内容を箇条書き）を「A４」１枚にまとめるのです。１枚にするのは、セミナー提案をしたとき、すぐに見てもらえるからです。書きたいことはいろいろあるかもしれませんが、簡潔にまとめる技術も必要なのです。

ちなみに、セミナーの企画書を作る時点で、時間配分も含めたセミナー構成はほぼできていなければなりません。セミナーの時間で多いのは、60分、90分、120分の3パターンです。セミナーの前後に、5～10分ほど主催者の挨拶や司会者からの紹介が入ることもあるため、実際のセミナー時間はもう少し短くなります。

もし120分までなら、ぎりぎり休憩なしでできる時間ですが、それ以上になる場合は途中で10分程度の休憩を取ることがあります。

しかし、休憩を取り入れる場合は注意が必要です。テーマが変わる場合などの切り替えとして、あえて休憩を入れるという方法もありますが、それによって受講者の思考はいったんリセットされるからです。

さて、セミナーの構成ですが、講師によってそれぞれ特徴があります。**何度もセミナーを重ねるにつれてオリジナリティを追求していくことは、プロとして大切なこと**です。

まずは、いろいろなパターンを見て、学んで、オリジナリティを追求していってください。参考までに、私のセミナーの作り方についてお伝えします。

まずは、自己紹介。司会者が紹介をしてくれる場合でも、その後いきなり本題に入るのではなく、講師自身の言葉で続けてください。ただし、過去の経歴をツラツラと話す自己紹介ではなく、なぜ自分がこのセミナーをするようになったのか、という「このセミナーを私がするのにふさわしい理由」を話していただきたいのです。

そのときに決してやってはならないのが、「緊張しています」を強調・連発することです。

そして、「私なんかのために……」とへりくだりすぎること。

偉そうに、上から話すのもNGですが、お金を払って聞きに来てくれている受講者を、最初からがっかりさせるのはやめましょう。自己紹介は、共感を得る場にしてください。それが、その後のセミナーがうまくいくかどうかを左右します。ここはツカミなので、長くても10分程度でまとめましょう。

次に、今日のセミナーの目的、ゴールについて話します。これは、同じ目的に向かって進んでいきますよ、という共有・共感の時間です。その後、本題に入ります。

ところで、私はセミナーにおいて、「名刺交換」のための時間は設けないことにしています。以前、セミナーが始まるや否や、「いきなり名刺交換タイム」というのを経験したことがありますが、受講者はあくまでも講師の話を聞きに来ているのであって、参加者同士の交流に来ているわけではありません。

次は、本題の作り方。まずは、伝えたいノウハウを書き出します。そして、そのノウハウにつながるエピソード＋気づきをセットのネタにします。ワークがあったほうがわかりやすい場合は足していきますが、ボリュームが多くならないように注意します。

ひとつのネタで、だいたい20分前後。ツカミ10分、ネタ15〜20分×2、締め10分、これで60分のセミナーになります。90分ならネタを3つ、120分のときはワークをしっかり入れたり、質疑応答を入れて、受講者が参加できる時間を増やす、というように作っていきます。

くれぐれも、詰め込みすぎには注意してください。持ち帰っていただくノウハウは、多くても大きく3つ。話したいことを削ってシンプルにして、その分、深掘りするように心がけてください。

〝講演〟と〝セミナー〟の最大の違いは、「持ち帰って使えるノウハウがあるかどうか」ということです。そしてそのノウハウは、再現性のあるものでなければなりません。

つまり、受講者が「私にもできるかも……やってみよう！」と思えるもの、ということです。セミナーに来る目的は、「講師の話を聞いて、自分にできる方法を学びたい」ということですから、そのための構成が重要なのです。

そこで、絶対にやってはならない構成とその理由を、いくつかご紹介します。

・「自分の体験談のみを話す」→ノウハウがないため、受講者に不満が残る

・「偉人の話や他人から聞いた話でまとめてしまう」→別に、その講師から聞かなくてもいい

・**「自慢話が多い」↓そんな話を聞きに来たわけではない**
・**「〝思う〟を連発して言い切らない」↓自信がないなら、人前に立つべきではない**
・**「最後が締まらない」↓なんだかスッキリしない**

また、時間が足りなくなって最後にすごく早口になってしまう、という残念な終わり方を何度か目にしたことがあります。「終わりよければすべてよし」という言葉があるように、最後の印象がセミナー全体の印象を決めると言っても過言ではありません。

最後は、その日のセミナーで大事だったことをもう一度繰り返し、最初に共有した今日の目的・ゴールが達成できたかどうかを、確認・シェアする場にしてください。そして、講師からのメッセージであなたの想いを伝えましょう。

これらの構成を組み立ててから、企画書を作ることが大事です。

キャラクターづくり　内容と外見のイメージ統一

講師の服装といえば、男女ともにスーツが主流です。以前は、女性講師といえば、薄いオレンジや水色、ピンクなどのパステル系の華やかな色の襟なしスーツ（スカートは膝丈）に、白かベージュのパンプス、コサージュか大きめのブローチ、もしくは淡い色のスカーフというのが定番でした。

しかし最近では、男女ともに個性豊かな講師が登場しています。たとえば、テーマカラーを決めて服装に取り入れる方、ジーンズの方、着物の方、白衣などの小物を取り入れたりサムライの格好をしている方など、プロのセミナー講師は、服装も含めてエンターテインメント化してきています。

しかし大事なのは、**セミナーの内容とマッチしていること**です。「びっくりさせたい」とか「笑わせたい」といった〝ツカミ〟だけなら、かえって逆効果です。

売れ続けている講師は、服装だけでなくヘアスタイルやメイク、眼鏡、時計などの小物ひとつにまでこだわっている方が多いのです。

そのこだわりは、ペンやノート、バックにまで及んでいます。これは、プロとして〝人に見られる職業〟だということを意識しているからこそです。受講者にどう感じてもらうか――その徹底した「顧客目線」から、自分がどう見えるか、を想像しているのです。

女性だからかもしれませんが、私は講師の「見せ方」にこだわってきました。女性は、印象重視と言われます。たとえば携帯電話を選ぶとき、私は機能よりも色や形を重視します。その感覚は、講師に対しても同じです。

私が受講者の立場なら、そもそも内容はよくて当たり前だと思っているため、話を聞きたいか聞きたくないかは、講師が登場した瞬間に判断してしまいます。カッコいいか悪いかということではなく、気を遣っているかいないか、を見ているのです。

「セミナー講師デビュー☆プロジェクト」という講師養成講座を始めたとき、連続講座の中に、【アナウンサーから学ぶ発声や話の構成】や【コンサルタントから学ぶプレゼンテーション】と一緒に組み込んだのが、【モデルによる歩き方、笑顔の作り方】や【ヘアメイクアーティストによる、講師としてのヘアメイク、ファッション】といった授業でした。

講師養成講座でのこういったラインナップは、これまでなかったし、周りからもずいぶん驚かれました。

話す内容と外見の統一というのは、講師としてどういうイメージで見せたいのか、ということです。そのキャラクターづくりは、自分自身がどうなりたいのか、どう見られたいのか、を決めることから始まります。

服装やファッションによって、受講者のイメージを大きく左右することができるし、自身に変化を起こすことも可能です。

たとえば、着物を着れば自然に立ち振る舞いがしなやかになるし、真っ赤なスーツを着るとパワフルになります。また、使う言葉や動きにも影響を与えます。そういう意味では、ここぞというときの勝負衣装を作るのもあり、だと思います。

4章のまとめ

「セミナー講師になる法（組み立て編）」

・何のためにセミナーをするのか、を最初に決める
・「1人でも多くの人に来てほしい」というセミナーは間違い
・講師は、出し惜しみをしてはならない
・セミナーで集客できるかどうかは、「タイトル」によって決まる
・「講師プロフィール」を真剣に作ろう
・お金と手間をかけて、本気の写真を1枚用意しよう
・話の内容だけでなく、見せ方で差別化する

5

セミナー講師になる法（実践編）

開催日時をどう決めるか

タイトル、対象、目的などが決まったら、いよいよ「開催」の準備に取りかかります。最初のうちは、「自主開催」をおすすめします。セミナーを一度も経験していない方の場合、他社での採用はむずかしいからです。**どんな〝売れっ子〟講師でも、最初は「自主開催」からスタートしている方が多い**のです。

弊社でも、講師は随時募集しています。いい講師には、いつでもセミナーを提供してもらいたい、と考えているからです。しかし、どんなにすごい経歴であっても、セミナー経験がゼロの方には、残念ながらお願いすることはできません。採用基準として、過去1年間に10回以上の講師経験――弊社では、これを条件としています。

まったく初めてのセミナー開催であれば、遅くても3ヶ月前から、できれば半年前から準備を始めることをおすすめします。

その際、まず最初にすることは、開催日時を決めることです。**いつ開催するのかは、集客にも大きく影響してきます**。この開催日時を決めるにあたってキーになるのが、4章で具体的に絞り込んだ「対象」です。

その対象となる人が、どの曜日の、どの時間帯ならセミナーに来られるのか。事前に徹底リサーチしてみましょう。

私が、セミナー企画をスタートしたとき、ありとあらゆる日時でセミナーを開催しました。どの曜日のどの時間帯なら人が集まるのか……実験の意味もありました。

ただ、まったく同じ内容のセミナーで試したわけではないため、きちんとしたリサーチにはなっていませんが、いくつかのパターンをつかむことができました。

そのリサーチの結果わかったことは、セミナーで人が一番集まるのは土曜日ということ。これは、対象者に関係なく集まる曜日と言えます。

ただし、土曜日であっても3連休にかかるとき、3月中旬以降の年度末、4月中旬までの年度初め、9～10月の運動会&行楽シーズンは、急激に申込みが減るため要注意です。

12月は中旬頃までは大丈夫で、1月は10日をすぎると意外に集まります。とくに、〝目標実現〟や〝お金〟のセミナーには向いている時期です。これは、お正月休みに「今年こそ夢をかなえよう！」と目標を決めたり、「今年こそ節約しよう！　お金を貯めよう！」と思う方が多いからのようです。

同じ休日でも、日曜日はぐっと減ります。土曜日は出かけて日曜日はゆっくりしたい。土曜日は自分のために時間を使えるが、日曜日は家族サービスやデートがある。お子さんが小さい方は、土曜日は保育園に預けられるけれど、日曜日はお子さんのお世話があって出られない。土曜日なら、ご主人がお子さんを見てくれるので出やすいが、日曜日は……などといった理由から、日曜日は人が集まりにくいのです。

祝日になると、もっと減るでしょう。祝日は、連休になっていたり、平日の間に1日だけポツンと休みになったりします。そのため、その休みをセミナーにあてる、というのはむずかしいようです。

これらのことからも、セミナー開催は土曜日が一番のおすすめと言えます。ちなみに、次によく集まるのは火・水・木曜日です。週初めの月曜日と週末の金曜日は忙しいからです。同じ理由から、月初めと月末も避けたほうがいいでしょう。

開催日が決まったら、次は時間です。

対象者が会社員の場合、火・水・木曜日の夜、もしくは土曜日です。終業時間ジャストに仕事が終わらない方も多いし、移動時間等も考えるなら19時からが理想です。土曜日の場合は、午前でも午後でもいいでしょう。

ただし、午前中に開催する場合は10時、あるいは10時半以降のスタートがいいでしょう。

休みの日はゆっくりしたい、という方が多いからです。午後であれば、13時か13時半から。日曜日の場合は、早く帰りたい方が多いため、夕方からや夜の開催になると、参加者が減ってしまう可能性が高いので気をつけましょう。

また、主婦対象のセミナーなら、土曜日よりも火曜日か木曜日の午前・午後がベストです。ただしこれは、お子さんの年齢にもよります。大阪の場合、水曜日は幼稚園や学校が早く終わるため、集客に影響するだろうと、開催日から外すようにしていました。地域によって特徴があるため、実際の対象者の方に聞いてみるのが一番でしょう。

最後に、経営者を対象としたセミナーの場合。経営者の場合、「行きたい！」と思うと、何とかして都合がつけられるため、どの曜日でも集まりやすいでしょう。その中でも比較的よく集まるのが、土曜日か平日の午後から夕方までの時間帯です。

ただ、ひと口に平日と言っても、業種によって適切な曜日が異なるため注意が必要です。以前、美容室のオーナー対象にセミナーを企画したとき、定休日のサロンが多い月曜日に設定しました。ところが、これが大失敗で、ほとんど人が集まらなかったのです。

調べてみると、美容業界では月曜日に研修や親睦会などが入っていて、その日程はずいぶん前から決まっているということでした。それらの予定が入っていなかったとしても、自宅でゆっくりしたり趣味のために時間を使っている方が多いということでした。

この経験から、オーナー対象のセミナーの場合は定休日ではなく、「セミナーでインプット＝仕事」だから、営業日に設定すべきだと知りました。

同じように、建築・不動産関係の方向けのセミナーは水曜日（定休日である場合が多い）にはしないなど、事前にその業界の特徴を知っておくと失敗しなくなります。

つまり、何となく決めるのではなく、対象となる方々の特徴をしっかりとリサーチしてから決める、ということが重要なのです。

会場の決め方

セミナーの開催日時を決めたら、次は「会場」です。

前の「開催日時の決め方」で、半年前からの準備をおすすめしたのは、この「会場の決め方」に大きく影響してくるからです。

人気会場の場合、3ヶ月前だと、すでに予約が取れないことがあります。しかし半年前なら、公共の施設を含めてどの会場でも、まだ比較的抑えやすい時期です。つまり、それだけ選択肢が多いということなのです。

仮に日時がＯＫでも、会場によっては参加しない、という選択をされる場合があります。

それだけ、開催場所は重要ということです。

会場を決める際、主な判断材料となるのが、交通アクセス、会場の設備と条件、金額、予約のしやすさ、キャンセル時の対応、という5つの項目です。どこに重きを置くのか、自身の中で、その優先順位を考えておく必要があります。

対象者が主婦の場合は、その地域の会場がいいでしょう。会社員の場合は、会社に近いところになります。経営者の場合は、比較的フットワークは軽いものの、やはり車でないと行けないところよりも、電車の駅が集中するような都心（中心部）がベストでしょう。

ただ、街の中心部で駅近となると、当然、金額もはね上がってくるため、私は駅から徒歩10分圏内までは許容範囲と決めています。街の中心部でも、駅から10分ほど離れると、金額がぐっと下がるからです。

会場を探す際は、インターネットを活用するといいでしょう。「貸し会議室　○○（地域名）」で検索すると候補が出てくるし、貸し会議室を紹介している専門ページもあります。

ただ、ネットで見ただけで決めてしまうのは危険です。

たとえば以前、１００名規模のセミナーを開催するにあたって、サイトで調べて会場を決めたのですが、当日、会場に行ってみてびっくり。何と、ホワイトボードではなく、黒板にチョークだったのです。おまけに、固定の木製椅子。かなりレトロなセミナールームに、愕然としてしまいました。

それでも、逆にそれをネタにして乗りきり、受講者の方も笑ってくれたので助かりました。とはいえ、やはり会場の雰囲気は大事なので下見は必須、とそのとき深く反省しました。

それ以後は、自分がセミナーに行ってよかったと思う会場を、後からインターネットで調べて、金額が合えば予約することにしています。実際に、セミナーで使われているイメージもしっかりできているため、失敗もありません。

あとは、知人のセミナー講師に「きれいで安くて、アクセスの便利な会場はない?」と、ときどき情報交換をして、いいところがあれば紹介してもらうなどしています。

紹介以外では、口コミが一番おすすめです。実際に、セミナーや勉強会を開催した方に直接聞いてみてください。あるいは、セミナー紹介サイトでよく使われているところをチェックしてみましょう。

また、自治体や大学が持っている会場の場合、関係者や出身者には格安で貸し出してくれるところがあります。

ただ、これは競争が激しいため、事前に予約方法を調べておき、もしダメだったとしても大丈夫なように、次の候補を用意しておく必要があるでしょう。地域によっても違いますが、地元の公民館や知人のオフィスなどは無償で貸してもらうことも可能です。

先ほどの黒板とチョークは例外としても、設備としてほとんどの会場にホワイトボードと専用のマジック（3～4色程度）は常備されています。

マイクやCDデッキ、プロジェクターなどが必要な場合は別料金になりますが、驚くほど高い料金設定になっていることがあります。部屋の料金より、プロジェクターのほうが高いという場合もあります。

こういったことも念頭に置いて、**部屋の料金だけで決めてしまうのではなく、備品も含めた合計金額での比較が必要**になります。

また、持ち込みができるかどうかを検討してみる必要もあります。どこでプロジェクターを借りても1万円以上するため、私は4万円でマイプロジェクターを購入しました。会場まで持って行くのは少々たいへんですが、5回目以降は、プロジェクターの使用料が無料になります。

もうひとつ注意したいのが、使用料金に含まれる部屋の使用時間です。たとえば、セミナーが13～15時だったとします。

その場合、前後に時間をプラスしてくれる場合があります。会場によって違いますが、だいたい前後10～30分程度です。こういう会場の場合は助かりますが、逆に時間内で準備や片付けをすませてほしいと言われることもあります。

また、あらかじめ机のレイアウトをしてくれる会場と、自分たちで自由に動かしていい代わりに、後で元に戻さなくてはならない会場があります。

この場合、30分前から受付を始めるのなら、多少の余裕をみて、12～16時で予約するようにします。ここで、しっかりと余裕をみておかないと、セミナー終了後すぐに「早く出てください」と管理会社の方が鍵をかけにやって来ることがあるため、くれぐれも注意が必要です。事前の確認を怠らず、準備・片付けの時間をみておきましょう。

会場使用料金の支払いは、ほぼ前払いです。そこで重要になってくるのが、キャンセル時の対応です。集客がうまくいかず、残念ながら延期や中止になった場合、どのように連絡をするのか、何日前からキャンセル料がかかるのか、などを調べておく必要があります。

なかには、いったん支払った分に対しては、キャンセルはきかないという会場もあるため、事前にチェックしておくことが必要です。

あいさつ文を作る

セミナーの開催日時と会場が決まったら、次に「あいさつ文」を考えます。

これは、ＨＰやブログ、メールなどでセミナーのお知らせとして使う講師からのメッセージで、一般的には「告知文」と呼ばれています。

しかし私はそれを、あえて「告知文」ではなく、「あいさつ文」と名づけています。その理由は、ただの告知ではないからです。

・なぜ、このセミナーをしようと思ったのか？
・どんな人に来てほしいのか？
・セミナーで、何を一番伝えたいのか？
・初めてのセミナーだとしたら、なぜ講師になったのか？

といった、講師の想いを込めるのです。自らの熱い想いで、来てほしい人の心を揺さぶるメッセージを作ってほしいのです。たとえば、次のような感じです。

「前川あゆのポジティブ・コミュニケーション
〜３秒で心をつかみ、３分で好かれる人になる方法」
私は、もともと人づきあいが面倒だと感じていて、はっきり言って苦手でした。
自己表現ベタだったので、誤解されることも多く、人間関係って疲れるなぁ、と考え込んだり、感情を抑えようとしたこともありました。

そんなある日、たまたま読んだ本に載っていた「コーチング」というコミュニケーションのスキルを知り、スクールに習いに行ったことから、会話や行動心理のおもしろさに気づきました。

すると、行動が変化し、考え方も変化し、会話がどんどん楽しくなっていきました。

とくによかったのは、「答えは相手の中にある」と知ったこと。

これを知ってから、人間関係も、もっと言えば生きることも、ずいぶんラクになりました。

コミュニケーションのコツを学び、意識することで、よい変化が起きます。

まさに好転ですね。

このセミナーでは、私の実例を交えながら、その日から使える「3秒で心をつかみ、3分で好かれる方法」をお伝えします。

ぜひ、ご参加をお待ちしています。

まさに、手紙を書いているような感じです。そのため、文体も話し言葉です。つまり、〝みなさん〟に呼びかけているわけではなく、一番来てほしい〝たった1人〟に向けたメッセージなのです。私の場合、「〝たった1人〟＝過去の自分自身」というイメージで書いています。

ところが、一般的なセミナー告知文だと、こんな感じになります。

「コーチング」とは、行動心理をもとにしたコミュニケーションのスキルのひとつです。基本の考え方は、「答えは相手の中にある」というもので、コーチングを学ぶことで行動や考え方が変化したり、会話が楽しくなって人間関係がラクになる場合があります。コミュニケーションのコツを学び、意識することで、よい変化が起きるコーチングを、セミナーで体験してみませんか？

いかがでしょう。説得力がないと思いませんか？　あまり心に響いてきません。

4章の「セミナータイトルの考え方」でも触れましたが、言葉や文字にはすごい力があります。ただ事務的に書いたものと、心を込めて一所懸命書いたものとでは、伝わり方がまるで違います。

文章には魂がこもり、そしてそれがパワーを持つからこそ、集客にも影響するのです。

それは、数多くのセミナーを開催してきて実証ずみです。だからこそ、「あいさつ文」は、タイトルをつけるのと同じくらい真剣に時間をかけて取り組んでいただきたいのです。

通常は、講師自身のセミナーを紹介するために作る「あいさつ文」。ただ、私はセミナープロデューサーでもあるため、他の講師のセミナーを主催することがあります。

そういったとき、自分のホームページで他講師のセミナー紹介をすることもあるのですが、自分がなぜこのセミナーを主催したのか、という〝想い〟をメッセージにして伝えるようにしています。

その一例として、大谷由里子さんのセミナーをお手伝いさせていただいたときの「あいさつ文」をご紹介します。


セミナープロデューサーの前川あゆです。

私は、今まで5000本を超えるセミナーに関わってきました。

その中で、長く愛される講師は「志」のある人だと感じています。

私は、講師としてのあり方や志を大谷由里子さんから学びました。

それは、はっきり言って「目からウロコ」以上の衝撃でした。

なぜ、大谷さんが講師として年間1億円のオファーがあるのか。

それは、肌で感じていただくのが一番です。

東京で毎回満員御礼の「講師塾」を、初めて大阪で開催していただくことになりました。

講師の方も、これから講師を目指す方にも、おすすめしたい講座です。

私は、人にものをおすすめするとき、自分自身が体験して、本当にいいと思ったものしか紹介しないことにしています。自分がよいと思うから人にも知ってほしい、必要な人には体験してほしい、と理由はいたってシンプルです。

だから、自分がなぜすすめたいと思っているのかが伝わるように、心を込めて文章を書いています。

みなさんも、セミナーを開催するときには、ぜひ心を込めて「あいさつ文」を作ってみてください。

集客方法〜基礎編

セミナー講師として長く続けられるかどうかは、ひとえに「集客」にかかっています。自主開催はもちろんのこと、依頼された場合でもそれは同じです。自分自身で集客するのはたいへんだからと、〝依頼される講師〟になろうとする方もいますが、主催者だって、集客には苦労しているのです。

主催者側は、本当に集客できるだろうか、という不安を抱えています。だからそんなとき、「私も集客に協力しますよ」と言ってもらえると正直ホッとするし、事前に「20人は集められますよ」と言われたら、感謝の気持ちでいっぱいになります。

セミナー数の増加による受講者の分散、動画サイトや書籍の付録DVDなどで情報入手がしやすくなったことなどが影響し、数年前に比べて最近は、セミナーに人が集まりにくくなっています。

つまり、「有名=集客できる」では決してない、ということです。その証拠に、私も全国で活躍している超有名講師の事務所から、何度か集客を頼まれたことがあります。どれだけ有名な講師であっても、みなさん見えないところで、地道に集客活動をしているのです。

「人気」だけでなく、「その人を行動させる力」。その両方があってこその「集客」です。この「集客力」が、これからの講師に必要になることは間違いありません。

「集客」において最も大事なことは、**その情報を必要とする、1人でも多くの人に、正確に情報が伝わるように、主催者や講師がアクションを起こし続けること**です。

これは、決して一朝一夕にできるものではありません。まず、「自分がセミナーを行なう」事実を知ってもらうことが大事なのです。

初めてセミナーを行なう場合、そのセミナーが自主開催、他者開催のいずれであっても、まずは知り合いに知らせることです。無名の講師の初めてのセミナーは、よほど他で聞けない内容でもない限り、よく知っている人か、それらの方々からの紹介で来てもらう、というのが王道です。

4章でもお伝えしたように、セミナーは多くの人を集めるのが目的ではないため、少人数でも自分の話に興味を持ってくれた人に集まってもらうように準備しましょう。

つまり、セミナーを告知できる顔見知りは多いほどよい、ということです。そのためにも、日頃から人脈づくりを心がけるようにしましょう。

私の経験から、セミナー告知に反応をしてくれる確率が高いのは、単なる異業種交流会よりもセミナーで出会った人です。

ただそうすると、「参加するのが目的で、その後行動しない人＝ただのセミナー好き」ばかりが集まってしまう、という否定的な意見を言う方もいます。でも私自身は、そうではない、と感じています。

そもそも、セミナーに行く人は自己投資の意識が高いため、他のセミナーにも参加します。そのため、セミナーに行ったことがない人に働きかけるより、よくセミナーに行っている人に告知をしたほうが、ずっと集客がしやすいのです。

もちろん、セミナーに行く最大の目的は知識を得ることで、人脈づくりではありません。ただ、同じ思考や目的を持って集まった受講者同士ですから、その後のつながりも自然とできていきます。

また、知人の主催するセミナーや勉強会に積極的に参加し、できるならお手伝いを買って出ましょう。そうすることにより、ただ名刺交換をするだけではない、心の通ったつながりが生まれ、それが、自分自身がセミナーをするときの集客に大きく影響してくるのです。

ちなみに、集客＝告知は2ヶ月〜40日前から始めてください。また、40日以上も前となると、いちおう予定には入れているものの、実際の申し込みをうっかり忘れてしまう方も多いため、2週間前にもう1回、さらに1週間前にもう1回と、2〜3回告知をするとより効果的です。

その場合の注意点としては、同じ文面を使わないで違う切り口で告知をする、ということです。そうすると、1回目の文章では響かなかったが、2回目にグッときて申し込む、という方も出てきます。ですから、最初から3つの切り口の文章を考えておくといいでしょう。

その他の集客方法としては、インターネットを使った「デジタル方法」と新聞・雑誌に広告を掲載したり、ダイレクトメールやチラシの配布、プレスリリースなどによる「アナログ方法」があります。

私のおすすめは、何と言っても「デジタル方法」です。セミナーの内容や対象によっては、それがベストでない場合もありますが、今は何でも「検索」する時代です。

私がプロデュースしているセミナーでも、「検索」をして参加される方の割合が、年々増えています。チラシを作ったり、ダイレクトメールを郵送やFAXで送る、という作業に比べて、インターネットなら時間も費用もほとんどかけずに告知できるからです。

集客方法～実践編

では早速、インターネットを使った具体的な集客方法をご紹介していきましょう。

まず「ブログ」。ブログと言えば、もともと「日記」というイメージがありますが、プライベートなものとは別に、ビジネス専用ブログを作って書いていくようにしてください。

3章でも触れましたが、ポイントは、実名でフルネーム、オリジナルの肩書き、顔写真の公開です。この3つにプラスして、プロフィールを充実させること。そして、何をしている人なのかがわかるような、ブログタイトルをつけるようにしましょう。

私のブログタイトルは、「前川あゆのハッピーキャリアでいこう！(http://ayumaekawa.

c-shuka.com/)」。こうして、タイトルにフルネームを入れるのもおすすめです。

ブログは無料で使えるシステムですが、その代わりに〝文字広告〟や〝バナー広告〟といった広告が入るのが特徴です。ビジネスとしてブログをされる場合は、この広告表示をオプションプランで外してもらいましょう。

またブログでは、講師であることを意識した記事を書くべきです。とはいえ、セミナー告知だけの掲載は、ただの宣伝になってしまうのでやめましょう。

ブログもセミナーと同じです。自分の専門分野に興味を持っている人に、いかに読んでもらうかが大切なので、情報提供を基本にするようにしてください。

ただ、何事も説教っぽく書いてはいけません。**読んだ人が〝お得感〟を感じる、プロならではの情報提供**を心がけましょう。

たまに、「セミナーで話すことがなくなる」「ネタに困る」という方がいますが、少しくだけた感じで日々のできごとを、専門家ならではの切り口で記事にしてみるのもいいでしょう。

たとえば私は、自分がセミナーを受講したときの感想を書いたり、芸能界のヒットネタやブームをセミナーや講師業界にあてはめて考えると……といった記事を書くことがあります。ただ、常に「セミナープロデューサー」としてのスタンスで書くことがポイントです。

ブログは、講師にとっては必須ツールであるため、どなたにもおすすめしていますが、どのブログサイトを使用するかは、それぞれ特徴があるので調べてみてください。注意することは、携帯電話からも閲覧が可能かどうか、ということです。

とくに、20代の若い世代や20～30代の主婦はパソコンではなく、主に携帯を使っているため、携帯での閲覧ができないというのは致命的です。

また、どんな方が集まっているのかということも、それぞれ特徴があるため、いくつかチェックしてみてください。

なかには、宣伝や告知を禁止しているサイトもあるので、事前によく調べるようにしましょう。たとえば、他のセミナー講師がよく使っているサイトだと安心です。

ちなみに、私が使っているのは、「オオサカジン」という地域ブログサイトです。東京での開催を除いては、セミナーに来られるのは、近隣の方が圧倒的に多いのです。

ということは、全国区ブログよりも、地元の人が多く登録していたり見ているサイトでブログを開設したほうが、足を運んでもらえる確率が高いということです。

今は、ほぼすべての都道府県に地域ブログサイトがあるため、〝地元密着型〟でいきたい講師にはおすすめです。

他にＩＴを使う方法としては、「ツイッター」があります。このツイッターで告知をした大阪のセミナーに、四国や中国地方から足を運んでいただいたことがあり、とても驚きました。ツイッターは気軽に書けるため、短期間で信頼関係が築けるようです。

ただ、こちらもブログと同じ意識が必要です。実名フルネーム、オリジナルの肩書き、顔写真の公開、プロフィールの充実、そして、ブログのアドレス表記、などです。

どんな人が、どこで、何をやっているのか。それが明確で、なおかつその人が信頼できそう、と感じられたからこそ、遠方からでも来ていただけたのだ、と思います。

さらに、主婦から学生にまで人気の「ミクシィ」、世界最大のＳＮＳ「フェイスブック」、動画サイト「ユーチューブ」や「ユーストリーム」、メルマガツール「まぐまぐ」、セミナー告知サイトなどなど、セミナー講師として知ってもらうために利用できる無料発信ツールは山のようにあります。

もちろん、これらは使えば使うほど、多くの方に知っていただけるチャンスが広がります。ただ、すべてを網羅するには時間がかかりすぎるため、セミナーの対象者がどんなサイトを見ているのか、事前によく調べてみてください。

一番いいのは、直接聞いてみることです。さらに可能であれば、同じジャンルや同じ対象のセミナーで集客をしている講師と情報交換することをおすすめします。

いずれにしても、**集客は毎日の小さな積み重ね**、と考えてください。ひとつの行動でひとり、ひとつの告知でまたひとり、です。たった一度の告知で大量集客、ということはないのです。

セミナーを開くからといって、人が勝手に集まるということもありません。地道な作業のうえに集客がある、ということを理解しておくべきです。

受講者を巻き込むセミナーの作り方

セミナーの本当の主役は、講師ではなく受講者です。

しかし、講師は人前に立って受講者の視線を独り占めします。セミナーが舞台だとしたら、講師は役者。つまり、主役と思ってしまうかもしれません。

しかし、お客さんが来てくれないと舞台が成り立たないのと同じで、セミナーも講師1人では決して成り立ちません。〝主役〟という言葉を使うと、賛否両論があるかもしれませんが、講師のためだけにセミナーが行なわれるのではない、ということは間違いありません。

あくまでも、講師とは〝役割〟なのです。「講師」という〝役割〟を選んでセミナーを行なうのです。セミナーが開催されるまでには、スタッフを中心とした「協力者」という〝役割〟を担う人がいます。そして何より、当日足を運んでくれる「受講者」という〝役割〟の方々がいて、初めてセミナーは成り立つのです。

仮に、そのセミナーが何度も行なってきた内容だったとしても、その日のセミナーはたった一度きりのものです。きっと、受講するほとんどの人が、初めて聞く内容でしょう。

たとえリピーターの方がいたとしても、まったく同じ状況でのセミナーは二度とないのです。つまり、セミナーとは1回1回が真剣勝負なのです。その、たった1回のセミナーは、講師にとっては何百回分の1回かもしれません。

しかし、受講者にとっては数回のうちの1回かもしれません。勇気を出して参加した、初めてのセミナーだったかもしれません。だからこそ、受講者のために1回1回のセミナーを大事に臨んでいただきたいのです。

繰り返しますがセミナーは、話を聞いてもらうという発想であってはいけません。有益な情報を提供し、それを喜んで持ち帰っていただく、というのが大前提なのです。

目の前の受講者を楽しませることができる講師。それが、長く愛され続ける講師だと、私はずいぶん前から確信しています。

「そんなことが、なぜ講師に必要なのか！」と反論される方もいることでしょう。「楽しませる」というのは、決してギャグや冗談などのおもしろいことを言うという意味ではありません。

受講者が、セミナーに積極的に参加し、その後きちんと行動に移していけるように布石を打つ、ということです。

たとえば、とくに60分を超えるセミナーでは、一方的に話しているよりも、参加者に意見を言ってもらったり、隣の人と話し合う時間を作るといいでしょう。

人は、**他人の話を聞いているよりも、その話を聞いて自分自身がどう思ったのかを人に話すことで、初めて知識となる**のです。

具体的には、講師が話した後に、それに関連する課題について考えていただき、隣の人あるいは複数のグループとなって意見交換を行ない、その結果を発表してもらいます。

これを、セミナーでは「ワーク」と言い、長時間のセミナーではたいてい行なわれています。最近では、初めにこのワークが行なわれる「アイスブレイク」を取り入れているセミナーもあります。

講師だけが一方的に話すのではない、ということが、受講者の満足度を高めるのです。黙ってじっと聞いているだけのセミナーより、楽しみながら参加することで「学びたい」意欲を向上させ、インプットだけではなく、「セミナーの中で言葉を発すること＝アウトプット」

を取り入れます。

それにより、受講者のセミナーへの積極参加や、その後に行動を促す効果が高まっていきます。それが、「楽しませる」ということの本質なのです。


何千回とセミナーを受けた、受講者の1人としての私の体験をお話ししましょう。

私は、セミナー内容に興味があるかどうかということの次に、その講師がおもしろいかどうかを、受講するかどうかの決定基準にしています。

おもしろいというのは、人間的な魅力があるかどうか、人を楽しませることができる講師かどうか、ということです。

私にとって、これは重要な要素であるため、プロフィールや過去のセミナー、口コミなどから判断し、内容にいくら興味があっても、講師に魅力がなければ、そのセミナーは受講しません。

なぜなら、情報がほしいだけならビジネス書を買うかインターネットで調べたら、おおよその内容はつかむことができるからです。わざわざ時間を使って行くのであれば、価値のあるものでなければいけません。

その判断基準が、私にとっては「講師のおもしろさ」なのです。セミナーの善し悪しを左右するのは、〝講師自身〟なのです。

まずは、「主役＝受講者」であると認識することが、受講者を巻き込む方法になります。常に、受講者の反応を見ながら進めていくこと。それこそが、ライブの醍醐味であり、むずかしい部分でもあり、また一番大事なことでもあるのです。

同じ内容のセミナーであっても、客層や地域によって、反応がまったく違う場合がありますす。その場合、状況に合わせた変更が必要になるため、丸暗記や台本通りでは、とても対応することはできません。

ですから、ツカミの話や事例など、いくつかのパターンを持っておく必要があります。事前にある程度、受講者の情報がわかっていたとしても、最終的には本番での受講者の反応を見ながら調整していかなければなりません。

たとえば、事例の話でも、世代によって変える必要があります。以前、「丙午は人口が少ない」という話をしたことがあるのですが、40代以上の方には納得していただきましたが、20代にはまったく通じなかった、という経験をしたことがあります。

また、東京でセミナーをしたときには、大阪ではポピュラーな「ポンジュース」が冷蔵庫によく入っているという事例を出したところ、聞いている方のリアクションがあまりよくなく、動揺しながらも気を取り直して違う事例に変えた、ということがあります。

後から聞いたところによると、ポンジュースは東京ではあまりポピュラーではなかったため、話が通じなかったようです。このとき、可能であれば事前のリサーチが必要だ、と痛感しました。

事例はひとつのことに対して、少なくとも3つのバリエーションを持っておくと安心でしょう。

また受講者の方々は、質疑応答も含めて想定外の発言をすることがあります。そのリスクは十分に考え、そのような不測の事態が起こったときにどのように対応するのか、といった練習をしておくこともセミナーには必要なことです。

アンケートの使い方と活かし方

セミナーに行くと、最後に「アンケートへの協力」をお願いされることがよくあります。最近は少しずつ変わってきましたが、ほんの2年くらい前までは、ほとんどが同じような内容のアンケートでした。「本日のセミナーの感想をお聞かせください」とか、「今後のご希望があれば教えてください」といった内容ばかりでした。

なかには、「今日のセミナーは期待通りでしたか?」「内容に満足しましたか?」「講師に満足しましたか?」「スタッフの対応はいかがでしたか?」といった質問が並び、5段階で評価するものもあります。

受講者としてセミナーに行き始めた頃は、これらの内容に対してあまり深く考えずに答えていました。

ところが、自分自身がセミナーを主催するようになって、何度もアンケートを行なううちに、このアンケートから何が得られるのだろう? という素朴な疑問が浮かび上がっていきました。

しかし当初の私は、セミナーを開催するならアンケートを取るのは当たり前、と考えていました。そのため、質問もよくある項目を引用して使っていました。

もちろん、そこに書かれたメッセージを読んでうれしく思ったり、励まされることはありました。ただ、なかには「感想をお聞かせください」という質問に対して、「もっとこうしたほうがいい」といった意見が書かれることもありました。

受講者の方たちは、「アンケート＝アドバイスしないといけない」といった、勝手な思い込みを感じてしまうのではないか、と感じていました。

たとえば、旅館に泊まったとしましょう。部屋には、必ずと言っていいほどアンケート用紙が置いてあり、そこには「どんなに些細なことでもかまいませんので、ご要望をお聞かせください」といった文言が書かれています。

私はこれを目にすると、何か改善点はないか、と必死で探してしまいます。そして、よい点を書かずに、「ここを、もっとこうしたらいい」といった改善点を書いてしまうのです。しかしその要望は、書いたからといって叶えられるものなのでしょうか。

以前、3年連続で同じ旅館に泊まったことがあります。その際、部屋にティッシュペーパーがないことを、改善点として毎回アンケートに書き続けました。

ところが、私が利用していた3年の間に改善されることはなく、がっかりしたことがあります。そこには、書いたからには直してくれるだろう、と期待する自分がいて、改善されていないことがわかると、「じゃあ、聞かないでよ」と思ってしまうようになったのです。

つまり、そこに誤解が生じてしまうのです。これは、「お客様に満足していただくため」にアンケートを行なっている旅館にとって、逆効果です。

私も以前は、セミナーで同じことをしていました。アンケートを使ってリサーチをしよう、と考えたのです。

「どんなセミナーだと、来たいと思いますか?」「セミナー開催は何曜日がいいですか?　また、何時がいいですか？」と質問項目を並べ、複数回答をＯＫにしたところ、いくつもの回答に○がついてしまい、答えがばらついてしまったのです。

結果的に、そのアンケートの結果は参考にはなりませんでした。かなり後になってから、理想を聞くより、実際の数字で判断するほうが確実だと学びました。

他にも、「誰を、講師として呼んでほしいですか？」という質問をしたことがありますが、超有名人や、私のまったく知らない人の名前がたくさん挙がったうえ、回答もばらばらで、結局これもあまり参考にはなりませんでした。

また、アンケートでの「こんなセミナーをしてほしい！」という声に応えて、要望のあったセミナーを開催したこともあります。ところが、それを書いた方からは何の反応もなかった、ということもあります。

これらの経験から、**受講者の声はもちろん大事だけれど、それらすべてに応えていくべきものではない**、ということを学んだのです。

思い返すと、私は長い間、アンケートの存在に悩まされてきました。それは、建築関係の仕事をしていたときのことです。当時私が勤める会社は、住宅の新築・増改築後、お住まいの方に工事についての細かいアンケートを取っていました。30項目くらいはあったでしょうか。かなり細かな内容で、それぞれの評価が10段階に分かれていました。

やっかいだったのが、このアンケートは親会社に直接返送され、その結果が成績となり、最終的に自分自身の収入にも響いてくる仕組みになっていたのです。

つまり、アンケートの結果だけで判断されてしまう、という現状があったのです。しかも、感覚は人それぞれです。よいという感覚を「6」と表現する人もいれば、「8」と表現する人も、「10」と表現する人もいます。

それなのに、その結果が成績になるという現実の中で、私は数字とどう向き合っていけばいいのかがわかりませんでした。

さまざまな経験を通して私が痛感したのは、**「何のためにアンケートを取るのかを、きちんと決める」**ということです。

そしてそれは、自分の今後のために、またこれからの受講者のために役立つものにするべきだと思います。自分自身のことをよく理解する、というのが大前提なのです。

なかには、厳しいことを書いてもらうことで、それを糧にもっといいものを作りたい、という講師もいます。

そういう方は、「どんなことでもかまいません。もっとこうしたらよくなる、ということを、ぜひお書きください」という質問を書いていました。しかし、私のように打たれ弱いタイプは、アンケートで批判や助言をもらうべきではありません。

私は、「講師への応援メッセージをいただければうれしいです。今後の運営に活かしていきたいと思います」と、アンケートに書いています。こう書いていても、なかには助言を書いてこられる方もいます。

ただ、言葉というのは強力なパワーを持っているため、書き方が変わってくるのです。わざわざ、自分自身が落ち込むためにアンケートをする必要などありません。

現在、私のセミナーでは、アンケートは毎回行なっていません。その後も同じセミナーを開催することが決まっていて、お客様の声として使いたい場合にだけ、実施するようにしています。

つまり、次の集客のためにアンケートを使いたい、と考えているのです。そのため、質問は「このセミナーに参加しようと思った決め手」や「受講前と受講後の変化」といった内容にし、連続セミナーの場合は、「他の人に、このセミナーをすすめるとしたらどんなメッセージを送りますか？」という推薦文までいただいています。

そして、必ず聞いているのが「ホームページや資料に【お客様の声】として使いたいので公開していいですか？　その場合、顔写真・本名でもＯＫ？　名前だけならＯＫ？　イニシャルならＯＫ？」ということです。

これが、私のアンケートの目的です。本当に満足いただいていれば、喜んで協力してくれます。セミナーがどうだったか？　といった質問や数字での評価よりも、この回答がもっとも満足度が見えるところだと思っています。

その場だけの関係で終わらせない仕組みづくり

セミナー開催は、準備から含めると、かなりの時間とパワーが必要です。私のように、年間200本以上のセミナーに関わっていても、一つひとつのセミナー開催前は、集客できるかどうか、という不安に襲われます。

どんなに準備をしていても、完璧ではない気がしてしまうし、セミナー終了後も「もっと、こんな話をすればよかった」「あのワークは時間をかけすぎたな」などと、毎回反省材料があります。

セミナーは、まさにライブです。その日、そのとき、そこに集まってくれた受講者と、まったく同じメンバーが再び集まることは二度とありません。

だからこそ、1回1回にかなりの神経を遣っています。

ただ、前に進むための「反省」ならいいのですが、逆に落ち込むだけでは進化はありません。開催したセミナーが成功かそうでなかったのか、それはアンケートの評価だけではわかりません。

だからこそ、「〇〇できたか？」と、自分自身の中での基準を決めておくといいでしょう。この「〇〇」というのは、自分がなぜ、何のために、誰のためにセミナーをするのか、という使命感の部分です。

私の場合、まずはセミナーを聞いて楽しんでもらう、ということです。そして、行動してもらう、ということです。

私がセミナーをした後、受講者の方がよく言ってくださるのが「おもしろかったです」という言葉です。「勉強になりました」でも「感動しました」でもなく、「おもしろかった」なのです。

これは、私にとっては最高のほめ言葉と言っていいでしょう。大人が、自ら学んだり行動を起こすためには、高いモチベーションが必要です。

ですから、「楽しい！」「おもしろそう」が一歩を踏み出す勇気をくれるのです。だからこそ、楽しんでもらいたいと思うのです。

セミナー主催を始めて1年くらい経った頃、私はあることに気がつきました。いろいろなセミナーを数多く開催しているにもかかわらず、たった1回きりの受講者がとても多かったのです。

私自身の経験から言えば、セミナー好きな方はいろいろなセミナーに行くはずでした。ところが、ほとんどの方がリピートしないのです。

そのため、毎回新規客を集客しなければならず、それはたいへんなことでした。また同時に、どうして1回きりなんだろう？　と落ち込んだものです。

たしかに、品物を売っているわけではありません。そのため、何度もリピートする、ということにはなりにくいものです。

しかし、それだけの問題ではなかったのです。セミナーの仕組みとして、「その場の関係だけで終わらせない」ということが、まるでできていなかったことに気づいたのです。

私は、1回1回のセミナーを作り上げることに精いっぱいだったため、終わるとホッとしていたのです。

そのことに気づいてからは、**次につながる仕組みづくり**にいくつも挑戦していました。参考までに、私が行なったことをご紹介します。

まず、最初に行なったのは「有料会員組織」を作ることでした。入会金3000円、月会費1000円で、毎回のセミナー代金が割引になるようにしました。この割引は、通常20%オフなので、毎月セミナーに5000円以上自己投資する方にとってはお得です。

その結果、お金を払って会員になる、という意識の高い方を集めることができました。実際、会員になってくれた方は思っていた通り、さまざまなセミナーに参加してくれました。

ただ一方では、会員になったのに自分の行きたいセミナーがない、という声も聞きました。それによって、よほど対象を絞ったセミナーに特化していないとむずかしい、ということがわかりました。

他にも、更新をどうするのか、お金の管理もあり手間がかかるうえ、「セミナーが安くなるだけでは物足りない」と、年々期待も高くなるなど、始めることより、続けていくことのむずかしさを学んだのです。


次に、「メールの配信制度」です。ホームページやブログに「無料メール会員募集」と掲載しました。また、セミナーに来られた方は自動的に、直接名刺交換をさせていただいた方には、お知らせのうえ登録させていただいています。

メールの内容は、基本的に週1~2回のセミナー情報の告知です。最初は、無料登録だと、ほとんどがその後の行動につながらないのではないか、と懸念していましたが、世の中がどんどん無料化の流れになっていたこともあって、それに合わせることにしました。

するとこのメール配信の数が増えるにつれて、ここからセミナーに何度か足を運んでくださる方が増えていったのです。いわゆる、リピーターです。

ただ、メールの配信数が何百何千となってくると、全員に向けて送っているとわかる内容では、やはり宣伝っぽくなってしまいます。

そこで、私が使い始めたのが、プロ講師や起業家がよく使っている「ステップメール」です。このステップメールとは、あらかじめ設定した日にメールを自動配信してくれるツールです。さらに、メールの最初や文章中に、○○様とそれぞれの個人名を入れることもできます。そのおかげで、自動配信ではない個人からのメールだと〝よい勘違い〟をされることがあります。

当初は、このメールで一斉配信すると、数十通も返信が来てうれしい悲鳴を上げていました。ところが最近は、この手法があちこちで使われているため、さすがにそんなにたくさんの返事は来なくなりましたが。

この自動配信ツールは、計画的にフォローができ、面倒な手間も省けるためおすすめです。ステップメールもまた、いろいろな種類があって迷いましたが、現在は「メール商人」(http://www.mshonin.com/)という有料のものを使っています。

やはり、「みなさんの名簿＝個人情報」、と考えたとき、セキュリティを重視したかったからです。

とはいえ、有料システムだけでも数が多いうえ、もっと安いシステムもあって迷いましたが、「メール商人」は、ただ配信するという考えからではなく、販促につなげるためのマーケティングから発想して仕組みを作った、というところが決め手になりました。そして最大の決め手は、プロ講師でもある知人が気に入って使っている、ということでした。

「その場だけの関係で終わらせない」ために、もっとも大事なことは、

・受講者が、次に行動を起こす〝何か〟があるか？

・セミナーの最後に、その行動が起こせるような仕組みになっているか？

私がセミナーの主催をはじめ、「なぜ、1回限りしかセミナーに来てくれないのだろう？」と悩んでいた頃は、まだここに気づいていなかったのです。ひとつのセミナーをやり遂げる、ということで精いっぱいだったからです。

そこで、まず開催するのが「導入セミナー」です。興味はあるものの、講師との相性も含めて、今の自分に取り入れられるノウハウがあるかどうか。それを見極めるための、いわば初めて来られる方にとっての「お試し」です。

だから、その後に行動を起こすかどうかは別なのです。そもそも、セミナーで習ったことを実際に行動に起こす割合は10％にも満たないと言われています。人は、思い立ったときに行動を起こさないと、どんどん忘れていってしまいます。

効果的なのは、導入セミナー後に別日程で個別コンサルティングを設定し、セミナーの最後にその告知を行ない、その場で希望者の日時を決めてしまうとか、より内容の濃いステップアップセミナーを用意して、「もっと知りたい」と思う人にはその場で申し込んでもらう、というものです。

そういった仕掛けをきちんと作っておかないと、受講者は「よかった、勉強になった」と、ひと区切りつけてしまうのです。セミナー開催の目的を思い出してみてください。ただ話を聞いて、ただ感心してもらうことではないはずです。大切なのは、受講された方々に、行動し、結果を出して、喜んでいただくことです。

だからこそ、たとえ次に進むステップがお金のかかることであったとしても、「宣伝」を遠慮してはいけません。受講者のためにやっているのであり、必要としている人がいるのですから、最後にきっちりと「告知」をするようにしましょう。

ただし、ひとつ気をつけてほしいことがあります。セミナーで情報提供をしている中で「ここから先は、ステップアップセミナーでお話しします」という言い方だけはやめましょう。

出し惜しみは逆効果になるからです。「どうせ、次に高いお金を払って来てほしいだけなんでしょう」と思われたら、元も子もありません。

一つひとつのセミナーは、そこでいったん完結させせなければなりません。次に進むかどうかを決めるのは、そのセミナーで満足した受講者なのです。

5章のまとめ

「セミナー講師になる法（実践編）」

・同じセミナーでも、開催日時を間違えると失敗する
・会場は、自分が受講してよかった場所か、口コミで選ぶ
・セミナー告知文は、心を込めて手紙を書くつもりで書く
・自分自身で集客できないセミナー講師ではダメ
・セミナーの集客は、地道な作業の積み重ねで決まる
・目の前の受講者を、楽しませることができてこそ講師
・アンケートの結果に振り回されてはならない
・セミナーには、事前の仕組みづくりが必要

6

こんなセミナー講師が売れ続ける

今こそ、セミナー講師になるチャンス

今まで20年以上、約５０００回におよぶセミナーに関わっていますが、ここ数年でセミナーのあり方はずいぶんと変わってきました。

最近、「セミナー講師」ブームが来ていると「プロローグ」でも述べましたが、数年前までは講師といえば、有名人か大学などの偉い先生方ばかりでした。セミナー講師を目指す人もほとんどいなかったし、その方法もわかりませんでした。

ところが、徐々に法律や保険、住宅といったテーマをもとに、独自のスタイルでセミナーを開催する講師が増えてきたのです。

当初は、無料や安価で知識を得られる「セミナー」というスタイルが珍しかったため、無名の講師でも、１回の講座で50名以上の人を集めることが可能でした。

その後、ブログやツイッター、ユーチューブといった「マイメディア」を、誰もが持てるようになったおかげで、お金をかけなくても、容易に自己発信ができるようになりました。

そのおかげで、誰もが「セミナー講師」になることができるようになったのです。

「セミナー講師」に関するノウハウ書も、またそのノウハウを提供する養成セミナーも、

ここ数年で一気に増えました。セミナーは、受講者に行動を起こす〝気づき〟を与えるものなので、さまざまな人が講師になることは、社会にとっても喜ばしいことです。

まさに、講師を目指す人にとっては、追い風の時代と言えるでしょう。

ただ、誰もが簡単になれる、ということだけを鵜呑みにして、本質を理解しないままでいると、講師として売れ続けることはできません。

つまり、誰もがなれる可能性があるということは、言い換えると、新しい人がどんどん出てくるということです。**同じジャンルのセミナー講師はライバルであり、常に競争が発生する厳しい世界**なのです。

たとえ、セミナー講師としてスタートできたとしても、続けていくことはとても難しく、以前は50名集まったセミナーも、現在、同じ内容・方法で開催すると、10名集めるのも至難の技です。それくらいセミナーが増え、かつセミナーに行かなくても、インターネットや印刷物で情報が入ってくる時代になっているのです。

今後は、「何のために人前で話すのか?」「どうしたら、話を聞く人に満足してもらえるのか?」など、売れ続ける講師になるために真剣に考え、常に成長し続ける講師でなければ、スタートしたものの集客がむずかしい、売上げにつながらない、などの理由で辞めてしまうことになるでしょう。

人前で話す責任感と覚悟

引っ張りだこの講師、長く活躍している講師には、多くの共通点があります。その根底にあるものは、「人前で話す責任感と覚悟」です。

自分の専門分野で話したいことがあり、セミナーを開催しようと思い立てば、実行すること自体は、それほどむずかしくありません。

しかし、話を聞きに来る人は、「自分の知らないことを専門家に教えてもらおう」という意識で足を運ぶのです。

そう考えると、講師の影響力は大きいものがあります。これは、有料・無料に関係なく、時間をとってわざわざ出かけ来ているのだから元を取りたい、という意識によるものです。

一方、同じ業界でセミナーが流行っているから、知り合いがセミナーをうまくビジネスにつなげているから、自分が聞きに行ってよかったから……こういった理由だけで、とりあえず講師をやってみよう、とセミナーを開催してしまうと、逆効果になってしまうこともあります。

　セミナーを開催すると決めたら、**まずセミナー講師の発言には影響力がある、ということを認識する**ことが大事です。

　売れ続けるセミナー講師になるためには、一般論ではなく、自分の意見を、自らの視点で話さなければなりません。確固たる自信を持って話し、自分の言ったことに対して責任を持たなければならないのです。表現も、また大事です。

　自分のオリジナルなのだから、「～と思います」ではなく、言いきることが重要です。そこで必要になるのが、責任感と覚悟なのです。

　以前、私が主催した「自宅カフェを作ろう」というセミナーで、いつかはカフェをオープンできたらいいな、と考えていた方が、セミナーを開いてすぐに行動を開始し、学んだことを実践して、半年後に夢を叶えたことがありました。

　その方は、もともと考えていたことでしたが、セミナーを聞いて具体的にイメージできたので予定が早くなった、とおっしゃっていました。つまり、実現へのきっかけがセミナーだったのです。

　このように、たった1回のセミナーで人生が大きく変わった人も見てきました。講師の発言ひとつで、1人の人生を変えることができるのです。

　そう考えると、やはり講師の影響力は大きいと言えます。その責任と覚悟は、持っていただきたいものです。

セミナーに対する想いを熱く語る

自分のビジネスを伝える場、つまり販促の機会として、セミナーを始めるという方も少なくありません。私も初めはそうだったし、簡単に開催することもできました。日程を決めて、会場を借りて、告知をして集客をすればいいだけだからです。そもそも、セミナー講師に資格は不要です。誰もが、今日からでも「セミナー講師」になれるのです。

ただ、「自分のため」「会社のため」だけのセミナーを開催していると、長く続けていくことはできません。これは企業と同じです。売り手目線ではなく買い手目線。一方通行ではなくて双方向。セミナーに来てくれる受講者が何を求めているのか、そこをしっかりと見ていくことが大切です。

私が、一緒に仕事をするための登録講師を募集するときに聞きたいことのひとつとして、「なぜ、セミナー講師になりましたか？」という動機やきっかけがあります。そこに至ったのには、必ず何らかのきっかけがあるはずだからです。

そしてもうひとつは、本書で繰り返しお伝えしてきた通り、「セミナーで何を伝えたいか？」

「受講者に、どんなメリットを与えることができるか？」という、想いや使命の部分です。その想いや使命は、過去に自分がやってきたこととつながっていることも重要です。

たとえば、「今の社会を変えたい」と伝えられたとしても、想いが大きすぎて具体性に欠けるうえ、あまりにもキレイごとに聞こえてしまいます。

でもそれは、自分自身が持っている想いをうまく伝えられていないからです。自分の想いを、きちんと自分自身の言葉で話せることは、とても大事なことです。

長く続けられる講師は、自分が伝えたいことをただ伝えるのではなく、聞いた人に伝わるように伝えているのです。

セミナーの伝え方で一番大切なこと。それは「共感」です。

共感してもらってこそ「理解」があり、「感動」が生まれ、「行動」につながります。自分の伝えたいことをただ伝えるのではなく、聞いた人に伝わるように伝えること。それが、「共感」してもらうということです。

あなたは、どんな人の話に「共感」するでしょうか？

たとえば、「あるある」「そうそう！　わかるわ」という、自分自身との共通点です。それは、話の内容だけではありません。自分自身が、いかに受講者に近づけるか、心に寄り添うことができるか、ということです。

まず、話を作る前に、自己理解、自己受容、自己開示が大切です。自分を好きではない人が、人に好きになってもらうことはむずかしいし、楽しい毎日を送っていない人が、人生を楽しむ話などできないからです。

まず、自分自身を見つめることが第一歩です。そして、相手を知り認めることがベースになります。そのベースなくして、「共感」は生まれません。

そのことをしっかりと理解し、努力を重ね、成長し続ける講師が長く愛されるのです。

過去の成功体験を捨て、自分自身の変化を恐れない

人前で話したいという講師は、何らかの成功体験を持っている方がほとんどです。私が出会った中にも、誰もが「おー!」と驚かれるような体験をされた方がいます。なかには、日本でも数名ほどしかいないような記録をお持ちなのに、「自慢のように聞こえるから」と公表していない方もいます。

また謙遜からか、自己評価が低い方もいます。しかし、講師として受講者の方に選んでいただくためには、同じ分野の講師との明確な差別化があったほうがいいのです。ですから、ぜひあなたの強みとして、自分自身で認めていただきたいものです。

謙遜しすぎるのは、講師としてはNGですが、逆に自己評価が高すぎるのもいけません。成功当時のままで、ストップしてしまっているのもよくありません。

自慢ばかりの講師は疲れるし、ポジティブすぎるのも考えものです。事実は事実であっても、それは過去のものとして、「冷静に受け止めること」が必要です。

セミナー講師は、常に進化し続けなければなりません。過去の自分に振り回されるのではなく、きちんと過去の自分自身を受け入れることが大事なのです。

また、講師自身の成功体験を、「あなただから、できたんだ」と受講者に思わせてしまったのでは、セミナーにはなりません。自分自身の成功はどうやってできたのか、みなさんもこうしたらできますよ、というノウハウにして話すからこそ、セミナーが価値あるものになるのです。

成功体験は必要です。しかし、芸能の世界やスポーツの世界でも同じですが、ベテランであっても第一線で活躍する人は、常に努力を続け、新たな分野にも挑戦し続け、後に続く人の指導者となっています。

新しい講師がどんどん誕生してくる中で、過去の栄光に酔い痴れている場合ではありません。大切なのは、さらに向上しようとする姿勢なのです。

自分の利益よりも、誰かの役に立ちたいという使命感

「セミナー講師は儲かりますか？」

「1回のセミナーでどのくらい稼げますか？」

といった質問をされると、少々寂しくなります。仕事をして、利益を出すのは当然です。「人の役に立てたら、ボランティアでいいんです」と言う方もいますが、お金をもらってこそプロ。私はそう考えています。

もし社会貢献をしたいのなら、無料にするのではなく、もらった受講料をすべて寄付すればいいのです。

初めのうちは、お金のため、と考えることがあるかもしれません。私も当初は、そこに目が行っていました。それに、日本ではお金のことを表立って話さない風潮があるため、それをはっきり言うことが気持ちいい、と思っていた時期もありました。

しかし、それだけでは長く続きません。理由は簡単です。自分の利益が先にあって、受講者が後回しになっているからです。セミナービジネスの根本にあるものは、誰かの役に立つこと、必要とされることなのです。

つまり、顧客があるからこそ利益が出るのです。では、顧客って誰? 何を求めているの? 何が提供できるの? ——やはり、発想はここから始めるべきです。

セミナー講師になって、お金を貯めて海外に住みたい、という方もいました。海外に行く目的が、貧しい国への支援など、目的がはっきりしているなら共感もできます。しかしそれが見えないと、「結局、自分のためなんだ」と思ってしまいます。

そうすると、どんなにセミナーがすばらしい内容だったとしても、心からそうは思えなくなります。そこからスタートするのが悪いとは言いません。私もそうだったし、若いときは自分のことで精いっぱいだったからです。周りのことなど、考える余裕もないかもしれません。しかし、続けていくうちに、きっとそうではない、と気づくはずです。

自分のためだけに仕事をしていると、物は売れなくなります。商売の基本である「顧客を作る」は、やはり相手のメリットなくしてはあり得ません。長く続けている企業も講師も、まずは相手ありきで、社会に貢献する志を高く持っているのです。

苦労や挫折の経験から学び、前向きに活かす

人生を重ねていくと、いろいろなことが起こります。誰しも、平坦な人生を歩んでいるわ

けではないからです。もちろん、楽しいことやうれしいこともあります。しかし、いいことと悪いことは波のように寄せては返していくため、人生に苦労や挫折はつきものです。

私自身もそうでした。その渦中にいるときは、ただ辛くて苦しくて。しかし、そういったことを何度か経験することによって気づいたのです。苦労や挫折があるときは、気づきや学びを得ることができる「人生の転機」なのです。

売れ続けているセミナー講師は、みなさん苦労されています。苦労を体験した人でないと、人の心の痛みはわかりません。そして、その体験があるからこそ、人間味に溢れた話ができるのです。

講師になりたい方の話を聞いていると、自分自身のことは辛いのでまだ話せない、とおっしゃる方がいます。しかし、自分の過去を含めてすべてを受け入れていなければ、講師としてやっていくことはむずかしいでしょう。

逆に、辛い話ばかりで終わってしまうのも、またむずかしいでしょう。聞いているほうは、もっと辛くなってしまうからです。

セミナーには、前向きな人、モチベーションを高めたい人がやって来ます。講師には、ノウハウとともに「元気」と「情熱」を期待しているのです。

講師自身が、辛い過去を乗り越えていないと、売れ続けることはできません。自分の不幸を笑い飛ばしてこそ、聞いている人を勇気づけることができるのです。しかしそれは、きちんと自分自身の中で、過去の辛い出来事を消化している人にしかできないことなのです。

私が講師の勉強をしているとき、「受講者は、講師のうまくいった話ばかりを聞きたいわけではない。なぜなら、自分にはできないと思ってしまうから。一番知りたいのは、挫折からどうやって立ち直ったのかということ」と教えられました。

たしかに、うまくいった話だけでも辛い話だけでもダメです。その両方があるからこそ、聞きたいと思うのです。

たとえば、岡崎あやさんという女性がいます。松葉杖をついて登場した彼女は、こう話されました。

「私は、ゴルフの打ちっぱなしの練習場の3階から転落し、九死に一生を得ました。しかし、多分一生寝たきりか、よくて車椅子と言われました」

そのときの会場は、静まり返っていました。そこから、必死でリハビリを始めた彼女は、今では1人でどこにでも行けるようになったそうです。そのきっかけが、コーチング。

その経験をもとに、現在は、大怪我をして打ちひしがれている本人やその家族に、「リハビリコーチング」をしている、とのことでした。それを知ってほしくて講師をしている、と。

感動的な話でしたが、聞いている会場は少し重い空気でした。そのときです。彼女はこんなことを話されたのです。

「みなさんも、打ちっぱなしをするときは1階のほうがいいですよ。落ちたら危ないですから」

会場は、どっと笑いに包まれました。私は、「すごいな！」と思いました。

自分自身の苦労を、笑いに変えられる講師は本物です。

6章のまとめ

「こんなセミナー講師が売れ続ける」

・ブームの今こそ、「セミナー講師」になるチャンス
・責任と覚悟を持って人前で話そう
・自分自身の想いに「共感」してもらおう
・謙遜も自慢もＮＧ。講師は常に進化し続ける
・セミナーは、利益を出して社会貢献をする
・自分自身の苦労を、笑いに変えられる講師は本物

7

私がおすすめするセミナー講師のインプット法

インプットは、講師にとっての「仕入れ」

今は、インターネットで簡単に情報が手に入る時代です。専門家から専門知識を学びたくてセミナーに来られる方が、事前にインターネットで情報収集することも多くなってきました。

そのうえで、内容をたしかめたい、ネットには書かれていない本当のところが聞きたい、と期待されています。ですから当然、講師はインプットを怠ってはならないのです。

時代の変化のスピードは年々早くなってきているため、自分の専門分野で今、どんなことが起こっているのか、それを一般の人がどう感じているのか、という意識は、常に持っておかなければなりません。

商品の販売と違って、講師業の商品は「自分自身」です。自分自身が価値そのものになります。つまり、セミナーに来てもらうためには、**自分自身が〝よりよい商品〟として進化し続ける必要がある**のです。

そのための情報収集や研究、マーケティング、自己啓発を目的としたインプットが、講師にとっての「仕入れ」になります。

たとえば、飲食店を例に考えてみましょう。料理人の経験が豊富で、腕もよく、立地や内装、開店時間、メニュー内容まで、事前準備がきちんとされていたとしても「仕入れ」、つまり料理を作るための材料がよくないと、おいしいものを作ることができません。当然、流行らないお店になってしまうでしょう。

飲食店の例を、セミナーに置き換えてみましょう。講師の経験は豊富で、質も高く、セミナーを開催する場所、時間、コンテンツなどの事前準備も完璧。

しかし、その講師が「仕入れ」であるインプットを十分にしていなかったとしたら？　「何だ、そんなこと。インターネットで見た、知っている情報じゃないか」と、来られた方はがっかりするはずです。

もちろん、時代が変わっても、不変の原理原則がベースであることはＯＫなのです。ただし、ツカミや事例はもちろん、話し方や見せ方や話の流れなど、受講生の心をグッとつかむには、セミナーの構成を時流に合わせることが大切です。

そのために、講師は常にアンテナを張り、自分の専門分野だけでなく、セミナーの対象となる方が興味を持つ情報や流行っているビジネス書、人気講師のセミナーなども、楽しんでインプットし続けていく必要があります。つまり、**「アウトプットのためのインプット」**ということです。

逆に言うと、いつまでも同じスタイルのままで変化しない講師は、今の時代の中ではどんどん置いていかれてしまうのです。

セミナーに行く

セミナー講師にとって最適のインプットは、やはりセミナーを体感することです。

私は、「ネットよりリアル」をキーワードにし、講師養成講座でも何度となく、そのことをお伝えしています。

リアルはライブとも言いますが、つまり現実であり生であるということです。机上の空論より現場。今や、上手にセミナーを開催するノウハウは、インターネットを通して無料で手に入れることができます。

しかし、そこで〝体感〟することはできません。たとえ音声が入った動画であったとしても、そこで現場の空気感をつかむことはできないのです。

その反面、実際のセミナーから学ぶことは、本当にたくさんあります。たとえ、同じテーマのセミナーに何度行ったとしても、そのたびに気づくことは違ってくるはずです。

たとえば、受講者視点、主催者視点など、意識して立ち位置を変えて見てみると、今まで気がつかなかった発見に出会うこともあります。

もっと言えば、そのセミナーで自分が何を得て帰るのかを決めるといいでしょう。集客の仕組みなのか、クロージングのやり方なのか、あるいは、セミナーの時間配分なのか。ただ漠然と、「何か得られたらいいいな」と思って出かけるよりは、ずっと多くの気づきを得ることができるはずです。

では、いったいどのようなセミナーを選べばいいのか。基準にすべきポイント4点をご紹介しましょう。

・自分自身が行ってみたいセミナー
・ライバルにもなる類似セミナー
・人気講師のセミナー
・何回も開催されているセミナー

類似セミナーは、セミナー内容そのものが類似しているものと、切り口は違うものの（HPセミナーと名刺セミナーなどのように）、対象者を起業家に設定しているなどの類似点があるものに分かれます。

ただ、いくらこのようなセミナーがいいと言っても、自分自身が行きたいと思えないようなセミナーには行くべきではありません。

なぜなら、セミナーを長く続けていける大きな要因は、受講者に自分のファンになってもらうことだからです。ファンづくりというのは、自分自身に共感してもらうことです。つまり、共通点や共有するものが多い、ということが大前提です。

そう考えると、自分が好きな講師や好感が持てるセミナーに行ったほうが、自分が目指すスタイルが得やすいのです。

私が、今までの経験を通して思ったこと、また感心した事例などをいくつかご紹介します。セミナー開催ノウハウとしては、あまり公開されていないことだと思うので、ぜひ参考にしてください。

まずひとつ目として、たいへん驚かされた事例についてお話しします。

あるセミナーに行ったときのことです。会場の後部に、お菓子と飲み物が数種類並べられていました。それは終日セミナーだったのですが、1時間に1回くらいの割合で休憩が入り、休憩時間には好きなお菓子と飲み物をいただいていい、というのです。

それまでに、私が足を運んでいたセミナーでは、飲み物は持ち込み可、食べ物は厳禁というのが一般的だったため、私の中でもそれが常識となっていました。

だから、このセミナーに参加したときは本当に驚きました。

これにはいろいろな効果があります。まずひとつは、セミナーそのものがとてもいい雰囲気で進んでいくことです。人は、食べたり飲んだりしているとき、幸せな気分になるものだからです。

もうひとつは、休憩とセミナーのメリハリが生まれ、受講者がよりセミナーに集中できるようになることです。

そして一番の効果は、私がこうしてお伝えしているように、「あのセミナーに行ったら、お菓子が食べ放題だったよ！」といった口コミが起きることです。

もちろん、そういった効果が発揮されるのは、セミナーの内容がいいという大前提があってこそ、です。セミナーの内容がダメなら、「だから、お菓子をつけているの？」と逆効果にもなりかねません。

ところが、お菓子よりもっとすごい体験をしたことがあるのです。何と、セミナー中にお酒が出てきたのです。これには、本当に驚きました。その事例についてお話ししましょう。

これも終日セミナーだったのですが、何と会場はバー。薄暗い照明の中で、セミナーは行なわれました。お酒が登場したのはランチのときのことでした。バイキングだったので、お酒は別にいただかなくてもよかったのですが、私は話のネタにいただきました。

セミナー自体も、映像と音楽を使ったエンターテインメント性の高い演出だったため、必死にメモを取る必要もなく、お昼からはいい気分でセミナーを体感させていただきました。

セミナーで、ここまでするのはすごいことです。講師は人気講師でしたが、セミナーは何度も開催されているものでした。ところが、平日なのに参加者は100名を超えていたと思います。

おまけに、受講者のほとんどがリピーター、つまり講師のファンだったのです。〝セミナー〟とひと口に言っても、ここまでやるセミナーもあるのか、ととても勉強になりました。


最後は、何人もの講師仲間からすすめられたセミナーに行ったときのことです。

こちらも人気講師で、何度も開催されているセミナーでした。

ところが、セミナーというより、まるで舞台。セリフ、動き、タイミングなど、すべてが計算し尽くされたすごさを感じました。

また、さらに驚いたのがセミナー前の動きです。体験セミナーの後、基礎講座を受けることになったのですが、今のこの時代にとてもアナログな動きをされたのです。

今では、セミナーの申し込み、支払い、受付などは、すべてメールでのやりとりが普通です。ところが、メールでやりとりしているにもかかわらず、セミナー前日にスタッフの方がわざわざ、私の携帯に連絡をしてこられたのです。

「明日はセミナーですが、参加に変更はありませんか?」ということで、たいへん驚きました。「なぜなんだろう?」と考えてみて、その意図を理解しました。

そのセミナーの受講者は主婦の方が多いため、あまりセミナーやメール慣れしていないこと。さらに、私のように電話をもらって「面倒だなぁ」と思う人より、電話をくれてありがたいと思う人のほうが多いこと。そのため、わざわざ一人ひとりに電話をしているのだ、と。

対象者によって、行き届いたフォローをしているからこそ、人気のセミナーなのだ、ということを学びました。

人気講師のセミナーや長く続いているセミナーというのは、やはり仕掛けと仕組みがしっかりとしているものです。さらに長く繰り返されていく過程で、どんどん微調整しています。何気ないことや驚きの体験も、すべてそこに理由があって行なわれているのです。

そういった、自分自身のいろいろな体験から使える部分を、自分なりにアレンジしてセミナーに取り入れていくといいでしょう。

「営業」に向き合う

「営業が苦手だからセミナーをする」という講師は少なくありません。電話をしたり、訪問する、といった営業ができないから、セミナーに来てもらって顧客になってもらうというわけです。

私は元来、営業が得意です。何回か転職をしたため、化粧品、住宅リフォーム、広告、販売促進のためのイベントやセミナーなど、さまざまなものを売ってきましたが、どの分野でもトップセールス記録を持っているため、営業セミナーの講師を依頼されることがあります。

そこで、私は受講者にこんな質問をします。

「営業が得意な人、挙手をお願いします」

この結果、手を挙げる人は、50人中だいたい1~2名程度です。そこで聞いてみると、営業に対するイメージは、あまりいいものではありませんでした。体育会系、ノルマがきつくてたいへん、などなど。

一方、できる営業マンのイメージを聞いてみると、強引、口がうまい、要領がいい、諦めない（しつこい）、と、こちらもまあ散々でした。

でも、私はどれにもあてはまりません。というかむしろ逆で、小心者、戦いたくない、無理なことはしたくない、たいへんな思いをするのは嫌。なのに、なぜ私は営業が好きなのでしょう？　それは、営業が苦手だと感じている方とは、「営業」に対する考え方がまったく違うからです。

その商品やサービスを必要としている人に、ここがいいよ、とおすすめしてあげること。それが「営業」だと私は思っています。

わかりやすく言うと、たまたま入ったイタリアンの店がすごくおいしかったら、次の日友人に、「昨日行った店、すごくおいしかったよ。あなたもきっと気に入ると思うな」とおすすめしてあげるようなものです。

だから、強引でもなければ、口がうまくなくてもいいのです。

私が、営業が好きな理由は、自分が大好きな商品を売っていたことも大きいと思います。商品がたくさんある場合はいくつかに絞っていました。

たとえば、広告を売っていたときはグルメ、美容、カルチャー、介護、教育……と数ある商品の中で、私が絞った分野は「住宅」でした。自分が、かつていた業界だったし、誰よりもくわしく知っているからです。

好きなことを決めて、それを求めている人を絞って、そのよさを伝える。その結果、喜んで買ってもらえる。これが「営業」なのです。

受講者が、お金を払ってセミナーに参加するということは、「営業」でいうところの商品を買うという行為です。そういった感覚を理解するためにも、セミナー講師にも「営業経験」はあったほうがいいでしょう。

一方、「営業が苦手なら、得意な人と組めばいい、雇えばいい」という考え方もあります。しかし、自分の商品やサービスについて、一番熱い想いで伝えられるのは自分自身です。先述したように、セミナー講師はある意味、その自分自身が商品そのものです。いかに自分のファンになってもらえるか、自分の魅力が伝わらなければ人は集まりません。「ブランディング」も「営業」なのです。

これからのセミナー講師には「集客力」が求められます。自主開催だろうと依頼される場合だろうと、「集客力」は不可欠です。そこで、「集客力」のために必要な講師としての営業ポイントをお話ししておきましょう。

まず、数をこなせ、とばかりにやみくもに電話や訪問、発信をするのはおすすめできません。「数打ちゃ当たる」は非効率すぎるし、よっぽどタフな方でないと続かないからです。

私がおすすめする、営業の6つのポイントをご紹介します。

- **自分を徹底的に知ること**
- **何を提供するかを絞ること**
- **顧客は誰かを決めること**
- **相手のメリットを考え、商品を決めること**
- **伝える方法を決めること**
- **自己開示を含めて発信すること**

これらは、セミナーで集客するときと同じなのです。だから、「営業」に向き合うことをおすすめしたいのです。

即答・即行動のクセをつける

人生は、選択の連続で成り立っています。

道を歩いていて左右の分かれ道に遭遇すれば、たとえその先でまた合流するとしても、即座にどちらかの道を選び、飲食店に入れば、数多くのメニューの中から選びます。対面販売等で行列ができている場合などは、迷っている時間などありません。

「迷っても迷わなくても、その後の変化にさほど大差がない場合、迷う時間を無駄にしている」

いつだったか忘れましたが、この言葉を目にしたときは衝撃的でした。とくに、メニューを決めかねるのは最悪だ、と。それから意識するようになり、意識することによって集中できるようになったのです。

ただ、人生のさまざまな局面において、「どうしよう？」と判断に迷うこともあります。そういったとき、最終的には〝直感〟を信じるのがいい、と聞いたことがあります。

そもそも、正解などないのですから、自分が信じた道を進めばいいのです。迷おうが迷うまいが、自分が信じた答えならそれでいいはずです。それなら、その決断を早く下せるほうがいいでしょう。

歳を重ねるにつれて選択する機会が増えていき、ときにはどちらを選ぶべきか、自分でもわからなくなることがあります。それでも私は、即答するように心がけています。

過去に訓練のつもりで、難しい問題に「即答」を試みていたことがあります。

たとえば、仕事で取り入れたシステムをやめるか、続けるかといった問題です。導入までに時間と労力がかかったものほど、手放すのは惜しいものです。

何事も、始めるよりやめるほうが何倍もたいへんです。それでも、決断はしなければなりません。

そんなとき考えるのは、私がそのシステムを今後も使いたいと思っているかどうか、ということです。それが、受講者のためのサービスだとしたら、受講者の立場になって一所懸命考えます。

「もし私が受講者だったら、そのサービスを使う？　それとも使わない？」。そうやって結論を出していきます。そのときに出した答えは、ベストな答えです。だから、後悔しないと決めています。すんだことを悔やんだって、何も変わらないからです。

とは言っても、慣れるまではなかなかむずかしいものです。そこで、考える前に行動してみる、ということをやってみたのです。

たとえば、左かな、右かな、どうしようかな、と考える前に進んでみる。メニューを見て迷う前に、最初に目が留まったものを頼む。人から何かを頼まれたらまず動く、といった具合です。

メールも、読んだらすぐに返信するようにしました。届いたメールをひと通り読んでから、後でまとめて返信となると、なかなか進みません。

だから、読んだらすぐに返信するのです。ひとつの作業を終えたら次のメール、読んで必要ないならゴミ箱へ、とどんどん考えながら行動すると、サクサク前に進みます。そして、それに慣れてきたら、自然と「決める」という行為も早くなっていくのです。

これができるようになると、仕事にもいい影響があります。たとえば、仕事の依頼があったとき。いい仕事だけど講師代が安い、どうしよう……と悩み、「少し考えさせてください」と言う講師と、即答で「ぜひ、ご協力させてください」と言える講師。どちらに次の仕事が来るかは明らかです。

断るときも同じです。考えた末に断るより、「今回はごめんなさい」と即断したほうが、相手にとっては親切です。

仕事において、すぐに答えを出すのをためらう方がいますが、初めから答えがあるのに引き延ばしているとしたら、ご自身のためにも、ぜひあらためるべきです。

私は、こう思うことにしています。どんな決断も、そのときの最良の決断だった、と。たとえ、どんな間違いがあったとしても、後からやり直すチャンスはあります。

そう思うと、決断も早くなります。

みなさんも、悩んだり考える前に、即答・即行動のクセをつけましょう。

インプットを極める2つの方法

セミナーによく行く方は、ビジネス書もよく読んでいるものです。

また、人気セミナー講師のほとんどが、ビジネス書の著者でもあります。なかには、何冊も出版されている方もいます。著者になると、あちこちからセミナーの依頼が増えるし、逆にあちこちでセミナーをやっていると、必然的に出版依頼も増えます。

私自身、ビジネス書が大好きです。なかでも、ランキングでベスト5に入るほどのベストセラーになる本は、売れている理由が知りたくて読んでしまいます。

とくに、その本のタイトルは、セミナータイトルを決めるうえで大いに参考になります。実はこれ、本を選ぶときのポイントにもなっているのです。

私は、著者の名前では本を買いません。まったく知らない著者であっても、タイトルに惹かれると手に取り、次に奥付にある、著者のプロフィールを読みます。そして次は、なぜこの本を書いたのかを知るためにあとがきを読みます。

なぜ、まえがきではないのか？ と思われるかもしれませんが、私の考え方としては、「あとがきのほうが、著者の人間性がよく出ている」と考えるからです。

タイトルで興味を持ち、どんな人が、どんな想いでその本を書いたのか。そこを見ることで、自分自身で深く納得したいからです。そして、目次、まえがきを見たら、もう購入決定です。

セミナーの作り方も同じだと感じています。タイトルは、とにかく重要です。次にプロフィール。なぜ、そのセミナーをするのかが伝わるメッセージ、そしてセミナーコンテンツ。それらをHPで告知します。つまり、本と同じなのです。ビジネス書のタイトルは、プロの編集者が考えているわけですから、それを参考にしない手はありません。

また最近では、表紙に大きく著者の写真が載っているビジネス書が増えました（本書もそうですが）。これは〝講師〟と同じで、どんな人が、という部分を強調した「ブランディング手法」のひとつです。

ビジネス書の人気著者は、書くこと自体を仕事にしている作家ではなく、経営者や起業家であり、セミナー講師であることも少なくありません。

そのため、自分は誰で、どんなことをしていて、周りの方から、「●●といえば、○○さんだよね」と認識されるのが理想です。

また何より、ブレていないことが一番です。あの人は、いったい何がやりたいんだろう？　あの人はどこに向かっているんだろう？　と不安にさせないためには、キャラクターをしっかりと設定して、書き方と話し方を含めた「言葉の使い方」というものを考えておくといいでしょう。

人気著者は、写真の雰囲気、プロフィール、そして文章をしっかり意識して発信しているな、といつも感心します。売れているビジネス書から学ぶことは、本当に多いのです。

いくら、インプットが大切と言っても、インプットばかりをしていたのでは身につきません。もっと言うなら、セミナーでもビジネス書でも、聞いたり読むだけでは自分のモノにはならない、ということです。

だからこそ、インプットはアウトプットとセットで考えなければなりません。これが、インプットを極める2つ目の方法です。

セミナーでもビジネス書でも、もっともモチベーションが高いのは、(読み)終わった直後です。後は、どんどん忘れていってしまうからです。

私も、受講直後は「感動した！　すごくよかった！　今日のセミナーに来て本当によかった」と思っていたのに、1ヶ月ほどしたら、ほとんど内容を忘れてしまっていた、ということがあります。

そうならないようにするためによく言われているのが、聞いたこと、読んだこと、見たことを誰かに伝える、ということです。

そうすることで、相手に理解してもらいたいという思いから、情報を整理して伝えることで自分の視点や感想が入り、自分自身の情報発信にもなります。また、人に伝えることで、何も伝えないよりもずっと忘れにくくなるのです。

たとえば、セミナーを聞いてすぐに行動したとします。その行動によって、自分自身の人生が大きく変わったとしたら、どうでしょう？　そのセミナーでインプットしたことは、忘れるどころかターニングポイントとして、一生忘れられない出来事になるでしょう。

その場合、インプットしたことのほとんどを忘れてしまっても、たったひとつでも自分の中に何かが残ればいいのです。

ところで、セミナーを聞いたら、すぐにそのセミナー講師のようになれる、と誤解される方がいます。

しかし、講師が何年もの時間をかけて積み重ねてきたノウハウを、たった1回のセミナーですべて吸収できるなんてあり得ないことです。

浅く広く身につけようとするのではなく、ひとつでもいいから、今自分ができること、したいことを決めて行動することが大切です。

つまり、実際に経験してみる、ということをするべきなのです。むしろ、他のことは忘れてしまっていいのです。インプットした情報がいっぱいでは、他のことが入る余地がないからです。

情報というのは、知っていることが重要なのではありません。セミナーでもときどき、「そんなことは知っている」ということがあります。

もちろん、伝え方にももっと工夫が必要かもしれません。しかし大事なのは、そこではありません。

セミナーを聞くときも本を読むときも、知らないことを得るのではなく、知っていることであっても、**「自分がどう使えるかを知る」ことが大事**なのです。

だから、自分が知っているかどうかではなく、今必要かどうか、できているかどうか、という視点が必要なのです。

だからこそ、今不要なもの、できないことは捨ててしまってもいいのです。

インプットとアウトプットは、情報だけに言えることではありません。人間関係でも同じ、と私は考えています。

7章のまとめ

「私がおすすめするセミナー講師のインプット法」

・講師にとっての「仕入れ」は、常にインプットし続けること
・他のセミナーから、仕組みと仕掛けを学ぼう
・「セミナー集客」と「営業」は、実は共通点が多い
・即答・即行動しないと、時間も成果も無駄にしてしまう
・ビジネス書には、セミナーのヒントが溢れている
・情報は、使って初めて自分のものとなる
・インプットした中で、今必要のもの以外は捨ててもかまわない

8

セミナー講師として売れ続けるための5つの視点

「不安から救ってほしい」——セミナー受講者の視点

私にとってセミナーは、〝知恵〟と〝気づき〟と〝勇気〟をもらえる場所です。さらにそこから、同じ方向を目指している人とのつながりを育むこともできます。

こんなにいいものを、なぜ多くの人は利用しないのだろう？　と不思議に思い、リサーチしてみたことがあります。セミナーに行ったことがない、という人に直接話を聞いてみたところ、「むずかしそう」「おもしろくなさそう」「敷居が高く感じる」という声が挙がってきました。

なかには、「怪しそう……」「何か売りつけられそう……」という意見もありました。実際にセミナーに行った友人から、「全然おもしろくなかった！」という体験談を聞けば、そんなイメージになってしまうのも無理はありません。未体験のことに対しては、誰もが不安に思うものだからです。

他にも、「初めて行ったセミナーがよくなかったから、二度と行きたくないと思った」という声を聞いたこともあります。

それを聞いたとき、セミナープロデューサーとして、「何てことをしてくれたの！」と腹立たしくなりました。

本来、セミナーは受講者に有益な情報を提供する場であるはずです。私自身、「セミナー講師」にはたいへんな影響力があると認識しています。セミナー講師の言動が、聞く人の人生を変えてしまうくらいの影響を与えた、という事例を数多く見てきたからこそ、そう断言することができます。

セミナーは誰にでもできます。だからこそ、講師になる人はそれを正しく理解して、覚悟と責任を持って、人前に立っていただきたいのです。

私自身、何千回とセミナーに関わっていても、初めての講師のセミナーに参加するときは、毎回緊張します。それは受講者の方も同じで、会場には張りつめた空気が漂っています。講師自身は、何度もセミナーを開催しているため、このことを忘れてしまいがちです。

しかし、連続講座でない限り、**受講者は不安なものである**、ということを頭に置いておく必要があります。

この「不安」をどう払拭していくか。最も効果的なのは、自分自身が初めてセミナーを受けたときのことや講師として初めて登壇したときのことを思い出し、その立場に立って考えてみることです。

そのとき、どんなことが自分をホッとさせたり、楽しくさせてくれたのか。人は「何が起こるかわからない」から不安になるのです。

些細なことかもしれませんが、こういったことを参考に、受講者の「不安」を払拭していくように努めましょう。

私の経験から、受講者のかなりの緊張や不安を和らげてくれた事例をご紹介します。

●受付の方が、笑顔で明るく、親しみやすく対応してくれた

緊張している受講者の気持ちをほぐし、リラックスできるかどうかは、受付にかかっています。これは、その後に行なわれるセミナーの感想に影響することもあるほどです。

マニュアル通りの機械的でかしこまった対応だと、かえって肩に力が入ってしまいます。

受付の笑顔は必須です。受講者のフルネームを復唱し、後ろに行列ができていなければ、「今日は少し寒いですね」などと話しかけるのもいいでしょう。

●講座開始前から、スタッフや講師が積極的に話しかけてくれる

開始前の部屋は、緊張感でぴーんと張りつめた空気が漂っています。静かにしていなければならないような雰囲気が漂っている場合もあります。スタッフが話しかけることもありますが、受付作業などで忙しい場合もあります。

そのような場合、講師によっては受講者一人ひとりに話しかける方もいます。講師は、司会者の紹介の後に出てくる、という演出をされる方も多いのですが、このように声をかけることで、「講師自らが話しかけてくれた」と受講者がうれしくなり、会場の雰囲気はぐっとよくなるのです。

実はこれは、セミナーをしやすい雰囲気づくりができるため、講師にとってもいいことなのです。受講者全員が緊張している中で前に立つと、講師自身も緊張します。しかし、開始前に受講者と会話を交わしておくことで、会場全体がリラックスムードになるのです。

●会場に音楽を流す

音楽にはリラックス効果があります。ただし、ポイントはかすかに流れているということです。歌やラジオのように音声が入っていると気になってしまうし、激しい曲だと気が散ってしまいます。

そのため、単調な音だけが静かに流れているのがベストです。開始前はもちろんのこと、セミナーが始まったらオフにし、休憩時間に再度オンにします。そうすることで、受講者の方が、オンとオフの切り替えができるためおすすめです。

●アロマの効果

好き嫌いはあるかと思いますが、私のセミナールームでは、昨年からアロマポットを置いています。電源をオンにしておくと、60分ごとに2分間、天然アロマが噴霧されます。アロマオイルには、「緊張をほぐす」「集中する」といったさまざまな効能があると言われていて、女性の受講者はもちろん、男性からも好評をいただいています。

セミナーに音楽を取り入れているところは増えてきましたが、香りを利用しているところは、ビジネスセミナーではまだまだ少ないでしょう。ぜひ一度、試してみてはいかがでしょうか？

セミナーを長く続けていくためには、何よりも豊富なリストが必要になってきます。リピーターや紹介ももちろん大事ですが、セミナーという「自己投資」は、目的を達成したら次のステップに進みます。

すなわち、何度も同じセミナーに来る人はそういない、ということです。つまり、**常に新規の受講者を増やし続けなければならない**のです。

そのためにも、受講者が抱く「不安」をどうぬぐい去っていくのか、ハードルをどのようにして下げていくのか、この視点を大切に取り組んでいきましょう。

「セミナーで利益を出す」経営者の視点

セミナーを長く続けられるかどうかは、「セミナーで利益を出す」ことにかかっています。ときどき、「私のセミナーは、お金をいただくほどのものではない」とおっしゃる方がいます。

しかし講師自身が、「お金をもらう価値がない」と思っているセミナーに、受講者が行きたいと思うでしょうか？　あるいは無料のセミナーに、貴重な時間と交通費を出して行こうと思うでしょうか？

受講者の立場で考えると、やはりセミナーの価値はその金額で判断されます。だから、私は無料セミナーには行きません。

「私の発表の場をぜひ聞いてほしい。だから、費用はいただかなくていい」

「私の本業は別にある。セミナーはあくまでもそのフロント。つまり、営業の場だから来ていただくだけでいい。だから、お金は取らない」

セミナー開催をこのように考えているのだとしたら、それは受講者にとってのセミナーとは言えません。セミナーとは、情報提供の場なのです。

たとえ、本業のフロントであったとしても、受講者にとっての目的は情報を得ることであり、次のステップに進むかどうかはその後の話です。

つまり、セミナー自体が「情報提供のひとつのビジネス」として完結していなければならないのです。

もし、経済的に余裕があって、社会貢献したいのであれば、セミナーを無料にするのではなく、対価はきちんといただいて、それを全額寄付すればいいのです。それがビジネスということだ、と私は思っています。

自主開催のセミナーはもちろんですが、依頼される講師であっても、「集客できる講師＝利益につなげることができる講師」でないと、声がかからなくなるのは当然です。

費用をいただいて当然。それが、セミナーの価値なのです（連続セミナー受講を検討していただくための無料説明会や勉強会のような無料セミナーなどは問題ありません）。

講師として、「セミナーはビジネスであるという意識」、すなわち「経営者意識」を持っているかどうかは、とても大事なことです。

現実的には、セミナー開催だけでは儲からない、というのが事実です。だからこそ、事業計画と同じように、セミナーを開催するには計画が必要不可欠なのです。

講師にとってのセミナー開催は、「ゴール」ではなく「手段」です。それぞれが持っている「ゴール」に向かうため、告知や販促などの営業手段としてセミナーを開催しています。

つまり、HPを作る、チラシをまく、ダイレクトメールを送る、ブログを書く、メールマガジンを発信する、といったことと同様の行為なのです。

ダイレクトメールを自分で考えて作って、それで儲かるとか「ゴール」だと勘違いする人はいません。

それなのに、なぜかセミナー講師になることが「ゴール」となってしまい、セミナー講師になったら儲かる、と勘違いしている方がいます。

私の講師養成講座では、これまで一度もセミナー講師の経験がない方でもご参加いただけますが、事前審査は必ず行なっています。これは、卒業後にセミナー講師として活動できるようフォローをしているため、想いに共感できる人でないとむずかしいからです。

また、審査をするうえで最も重視しているのは、「何のためにセミナー講師になりたいのか」という動機と、「講師としてどうなりたいのか」という志の部分です。これは、会社にとっての企業理念と同じです。

ここでの動機が、「セミナー講師として儲けたい」という自分のことだけしか見ていない人や、「自分が成功したノウハウを教えてあげたいから」といった上から目線の人は、残念ながらセミナー講師としては向いていない、と私は判断しています。

ビジネスだから、利益を出すのは当然です。しかし、自社のことしか考えていない企業は長くは続きません。セミナー講師も同じで、そういう姿勢や態度は、消費者＝受講者にはしっかりと伝わっていくものなのです。

最後に、もうひとつ注意していただきたいことがあります。

それは、セミナーで話したいと思っている内容に、需要があるのかどうかということです。これも、企業が事業計画を立てるのと同じで、やりたいことに人が集まらなければ続けていくことはできません。

また、セミナー講師になりたいという人にありがちなことですが、人前で話すということに「志」や「想い」がありすぎて、理想に走りすぎてしまうことです。

さらに女性に多いのが、「女性を応援したい」というメッセージです。このどちらにも言えることですが、あまり個人の感情を入れすぎてしまうと、受講者の視点から離れていってしまうことがあります。

セミナーを作る際にもっとも大事なのは、その講師がその話をする理由について、受講者に納得してもらえるかどうか、ということです。

そして、お金を払ってでも聞きたい、という需要があるかどうか、ということです。自分が話したいこと、お金を払ってでもそれを聞きたい人がいること、このふたつが交わるところでなければ、長く続くセミナーを成立させることはできないのです。

「顧客マネジメント」トップセールスの視点

7章の「『営業』に向き合う」で、セミナー講師も営業が得意なほうがいい、と述べました。もう少し突っ込んで言うと、**顧客を自分自身で選ぶこと**です。自分が好きな顧客を集めるのです。

つまり、その顧客に自分が思うように行動していただけるよう「マネジメントする」という意味です。

このように書くとイメージが悪いかもしれませんが、これは20年以上にわたって営業に携わってきた私が経験し、気づき、作り上げてきたことです。キーワードは、「売り手も買い手もハッピー」です。

セミナーの場合、講師も受講者もハッピーになるには、とにかくミスマッチを防ぐことに尽きます。講師は、自分の価値を提供して喜んでいただける受講者を明確に決めて、その方たちに届くようなメッセージを発信し、集客します。

それ以外の方は、最初から集めない。そうすると、必然的にどちらも満足感を感じられるのです。

私がかつて、トップセールスになれた理由をわかりやすく説明すると、次のような感じです。

①商品の中で、自分が好きなもの、得意なものを決める

↓

②それらを使うことでメリットが提供できる人、価値を感じてもらえる人を明確にする

↓

③どこにアプローチすれば伝わるのかを、徹底的に分析した後、声がけをしていく

↓

④喜んで買っていただける

↓

⑤口コミや紹介でさらに売れる

私が目標にしていたのは、お客様から「ありがとう」と感謝される営業です。だから、必要のない人には決して売りません。その結果、お互いに「ハッピー」になります。これが、「顧客マネジメント」です。

もちろん、最初からこういうやり方ができたわけではなく、長い年月をかけて場数を踏んで、やっと気づいたことです。

これは、セミナーでも同じです。誰も来ないのではないか、と絞り込むのが怖くなって、誰にでもあてはまるようなタイトルや告知文にしてしまうと、たしかに多くの人が来ます。ただ、誰にでもあてはまる内容というのは、裏を返すと、浅く広くなってしまうのです。


セミナーを始めた当初は、参加者からクレームが来たこともあります。

「他のセミナーではこうだった」

「時間配分は、もっとこうしたほうがいい」

なかには、セミナーの内容にはまったく関係のない、言葉遣いや服装に関する助言だったこともあります。最初は、ショックを受けたり腹が立ったり、といちいち反応していたし、丁寧に返事までしていました。

しかし、何度かやっていくうちに、私自身がそういう人を集めている、ということに気づいたのです。タイトル、金額、メッセージ、すべてにおいて、私が「誰」に来てほしいのかを明確にイメージしていなかったからだ、と。

そう、当初は「こんなセミナーをやってみたい」という発想だったのです。だから、告知文ひとつをとっても、「今度、こんなセミナーをやるので、ぜひ来てくださいね」「時間があったら来てね」というようなイメージだったのです。

その後心理学を勉強して、相手に伝わらないのは発信する側に責任がある、ということを知りました。相手がわかっていないということは、こちらがわからない説明をしているからです。

相手が怒るのも、こちらの説明の問題です。つまり、セミナーに、自分が望んでいない人を集めていたのは私自身だったのです。

それなら、最初からそういう人たちが集まらないセミナーを作ればいいんだ、と気づいたのです。

基本的には、私のことが好きな人。そして、私から学びたいと思っている人。そういう人が集まるセミナーづくりをしていくこと。「ありがとう」と感謝されるセミナーを作らなければ、お互いに時間がもったいない。だからこそ、**自分がやりたいだけのセミナーではダメ**なのです。

4章でもお伝えしたように、まず、自分がお客様になってほしいのは誰なのかを決めます。

次に、その人たちにとって、自分が何の役に立てるのか、を考えるのです。

そうやって作っていくと、間違ったお客様を集めないセミナーになります。つまり、自分の好きなお客様だけを集める「顧客マネジメント」ができるのです。

私が主催している「セミナー講師デビュー☆プロジェクト」は、全講座修了まで、4～5ヶ月かかる、講師養成のための連続講座です。

ここでも、「売り手も買い手もハッピー」という発想が根底にあるため、無理に受講も進級もおすすめしません。プログラム内容も、「長所を引き出して、ほめて伸ばす」ものになっています。

人数も、受講する方一人ひとりをしっかりとフォローしたいので、10～15名の少人数制です。また、受講者だけでなく、教える側の講師とも一緒に成長したいので、さまざまな意見交換を行ない、プログラムを進化させています。

その結果、最後の修了式では何名もの方が本気で泣いて、「ありがとうございました」とお礼を言ってくださるのです。

「オンリーワンを極める」プロデューサーの視点

講師として長く続けるためには、やはり「オンリーワン」でなければなりません。そしてそれが、必要とする人に伝わることです。

ただ、「オンリーワン」というのは簡単ですが、極めるのはとてもむずかしいと痛感しています。セミナーに長く関わり、プロデュースを数多くこなしてわかったことは、**「オンリーワン」は勝手に作られるものではない**、ということです。きちんとした分析と計画のもとに作り上げていくものなのです。

「オンリーワンを極める」とは、ビジネス書やセミナーでもよく言われている「ブランディング」ということです。

この「ブランディング」という言葉。「聞いたことはあるが、よくわからない」という人が少なくありません。私自身、セミナーを使って自分をブランド化していく、という意味で、「セミナーブランディング」という言葉を使っていたのですが、どうやらこれもわかりにくかったようです。そこで、再度リサーチしてみることにしました。質問はひとつ。

「『ブランディング』と聞いて、どうイメージしますか？」

自分でわからなくなったときは、実際に自分が顧客としてイメージする人に聞いてみるのが一番です。すると、明確な回答が返ってきました。

『○○といえば、●●さんだよね』と言われること

これはわかりやすい。つまり、私の場合だと「セミナープロデュースといえば、前川あゆさんだよね」と言われることです。

そのためには、意識してその言葉を自分自身が使っていく必要があります。

「オンリーワン」は、ある日突然勝手に降って湧いてきたりすることはありません。自分が決めて、自分で広めていくものなのです。

そこで、大事になってくるのが「根拠」です。いくら、自分で決めて、自分で広めると言っても、根拠がなければ誰も認めてくれないので意味がありません。

根拠とは、経験であり実績です。わかりやすく言うと、経歴、資格、数字、受賞歴などです。

「オンリーワン」を見つけるために必要なのが、とにもかくにも「自己分析」です。つまり、過去も含めて自分自身と向き合うことです。

弊社の講師登録者に多い分野ベスト3は、「マナー」「カラー」「コミュニケーション」です。

これらは、講師業界では供給過多とも言える分野なので、この3つにあてはまる講師の方は、とくに気をつけてください。

私も、何人にもお会いしましたが、基本的にそれらの専門分野の原理原則は同じです。では、どこで差別化するのか？　方法は2通りあります。ひとつ目は、もうひとつ別の要素を組み合わせて、オリジナルのセミナーを作る。そして、ふたつ目は講師のキャラクター。どちらも、講師の経験によって作り出されるものです。

たとえば、元ＣＡ（キャビンアテンダント）のマナー講師はたくさんいますが、男性のマナー講師はあまりいません。ですから、男性というだけで差別化ができます。

また、カラー講師もたくさんいますが、たとえば建築士の資格があり、住宅のプランニングの際のカラーセミナーだと差別化することができます。

コミュニケーションセミナーは、講師のキャラクターを前面に出していくといいでしょう。

実は、コミュニケーションセミナーには、他にもクリアすべき問題があります。私自身、コーチングスクールを運営し、何度かコミュニケーションセミナーを開いたことがありますが、誰もが日々使うツールであるため、最初のウケはいいのですが、「成果が見えにくい」「数字として表われにくい」など、企業向けになるとなかなかむずかしいものがあります。

だからこそ、自分のオリジナリティを全面に出し、セミナーの効果をはっきりと出さないと「オンリーワン」として差別化はできない、と感じています。

「仲間を作る」起業家の視点

セミナーは、決して1人ではできません。たとえ、無事に開催できたとしても、聞きに来てくれる方がいないと成り立たないのです。

もちろんセミナーだけでなく、どんな仕事であっても、人の協力があってこそ成り立つものです。それをきちんと自覚しておくことは、もっとも大事なことです。

初めの頃は、何もかも自分1人だけでやるところからのスタートになります。私も、セミナーを始めた頃は、告知、メールのやりとりなどの顧客管理、受講料の集金や領収書の発行も含めて、当日の受付まで自分でしていました。

もちろん司会者もいないため、自分で司会をして、セミナーが始まったら講師と、一人二役でやったこともあります。初めから、周りに手伝ってくれる人がいるに越したことはありませんが、一度はすべて自分自身で体験しておくことをおすすめします。

すべてを自分自身でやってみることで、セミナー全体の作り方がわかるからです。

私は長い間、会社員として過ごしてきました。ただ、商売をしている家庭で育ったこともあり、子どもの頃から、いつかは自分も起業するもの、と思っていました。父も、2歳年上の兄も20代で起業しています。そういった環境に重ねて、商工会議所で開催されている「創業塾」を何度か受けたことで、私は自信満々でした。

さらに、ありがたいことに社内ベンチャーという形で、セミナー事業をスタートさせることができました。会社員でありながら、起業準備ができるという恵まれた環境にいたこともあり、「うまくいかないわけがない！」と思っていたのです。

ところが、起業したらまったく思い通りにはいきません。会社を辞めてみて初めてわかったのは、会社員は何もかもが用意されている、ということです。商品があり、すぐに売りにいける体制になっています。

しかし、起業したとたん、売る商品そのものを自分で作っていかなければならないのです。会社であれば、ホームページがあり企画書があります。それが当たり前でしたが、起業したら、すべて自分自身で動かなければなりません。

そんなとき、力になってくれるのはやっぱり「人」です。

私は、「人脈」とか「ネットワーク」という言葉があまり好きではありません。何だか、温かみを感じさせないからです。それに、名刺をたくさん持っていても、どんな人か思い出せないようでは意味がありません。

私が、仲よくなりたい、一緒に仕事をしたいと思う人の基準は、一緒にいて「心地よい人」です。とくに、モノを売る仕事と違って、「セミナー」という、講師自身の人間力や魅力、ノウハウといった形のないものを売っているため、私自身が共感できる人でないと、やはりサポートすることはできません。

想いに共感できて、同じ方向を向いている人。そういう人の力になりたい、と思うのです。たいへんではあるものの、自分が売るもの、付き合う仲間、そのすべてを自分自身で選べるのは、起業家としての楽しさだと思います。責任はすべて自分で取る覚悟は必要ですが、その分だけ自由があります。

会社員時代も好き勝手にやってきていたため、自分で何でも決められる気になっていましたが、あの頃とは比較にならない自由があります。

講師も起業家と同じです。ひとつのセミナーはひとつの事業。だからこそ、講師には「起業家視点」が大事なのです。

長く続けている人気講師の共通点は、周りに協力してくれる人がたくさんいる、ということです。つまり、人として「愛されている」のです。講師という表現者がいて、その講師をサポートしてくれる人がいる。それはとても大切なことであり、絶対に必要な存在です。

セミナーを作る側に立って気づいたことですが、私は長い間、「努力や苦労は報われる」と思っていました。

ところが、実はそうではないのです。自分1人だけの力ではどうにもならないことがあるのです。人には、それぞれの役割と専門分野があります。その専門家がプロなのです。

だから、不得意なことは人に頼ってサポートしてもらい、その分、自分は自分の役割を全うすればいいのです。

ただ、そのときに重要になるのが、「誰と組むか」ということです。

たとえば、よくあるのが「コラボセミナー」です。自分だけでは集客が難しいから、自分が憧れている有名講師と組む。あるいは、同じジャンルのセミナーを複数の講師で開催する、といった方法です。

しかし、私はあまりおすすめしていません。最初は同じ方向性で進んでいたはずなのに、いつの間にか、お互いの感覚がズレていき、コンビが解消となった例をいくつも見てきたからです。

1回だけの企画ならいいのですが、それ以外はよほど同じ想いや目的を持っていないと、講師同士のコラボはむずかしい、と私は感じています。

それなら、講師エージェントに登録する、講師プロデュース会社と組んだほうが、お互いの役割が明確になっていいと思います。

「仲間を作る」というのは、自分と同じ想いを持つ人に、いかに多く出会えるか、ということです。そのために、どれだけその想いを人に伝えることができるか、ということだと思います。

私は、セミナープロデューサーとしてセミナーを作って終わりではなく、人（講師も受講者も）が成長する機会と場所を提供する、という使命を強く意識しています。

みなさんと一緒にセミナーを最高の場にするために、講師の「仲間」の一員として、彼らをサポートしていきたいと考えています。

参加いただいた方に、「ありがとう！」と言っていただけるセミナーが、もっともっと増えればいいな、という想いを込めて……。

8章のまとめ

「セミナー講師として売れ続けるための5つの視点」

・初めてセミナーに参加したときのことを忘れない
・セミナーを、ひとつの事業として考えよう
・「集客できる講師」でないと、声がかからなくなる
・セミナー開催は、「ゴール」ではなく「手段」
・セミナーの顧客は、こちらから選ぶべきもの
・「オンリーワン」は、自分自身で作り上げていくもの
・よいセミナーを作るには、よい仲間が必要

エピローグ

本書の原稿を書いているとき、東北地方太平洋沖地震が発生しました。報道を目にするたびに襲われる、悲しみと胸の苦しみ。長い年月をかけて築き上げられてきた町や村やそこに住む人の生活が、なぜ一瞬にして消えてしまわなければならないのだろう……？

3日間は、報道を見ては泣いてばかりで何もできずにいる自分自身に、気持ちはどんどん落ちていきました。震災発生から4日目の夜中、そんな私の心を覚ます出来事に出会いました。インターネット上に流れてきた、知人からのメッセージ。

「関西人が、震災の影響もたいしてないのにブルーになっていてどうする！」

この言葉に、ハッとさせられました。そうだ！　泣いていても何も変わらない。自然の猛威の前に、私たち人間は本当に小さな存在です。でも、微力だけど無力ではない。そのことを、知人の言葉に教えてもらったのです。どんなことが起きても、残された私たちは前を向いて生きていかなければならない。そして、未来を見ている子どもたちを守っていかなければならない。

それから、自分自身を奮い立たせました。

今日の1日は、誰かがもっと生きたかった1日。

生かされている命なのだから、大事に生きていかなければ……。

そう思うと、自分の存在価値や生きている意味について、深く考えるようになりました。大人だからこそ学び続けること、成長し続けることに多くの意味があることを、私は自らの経験を通して学んだのです。

セミナーに参加される人に、後ろ向きの人はいません。みなさん、何かを得たい！　と前を向いています。自分でお金と時間を作って、前向きな気持ちで集まるセミナー会場には、前向きなエネルギーが溢れているのです。

今、こんなときだからこそ、もっと誰かの役に立ちたい、とお考えの方も多いことでしょう。そんな方にはぜひ、長く続けられるセミナー講師になっていただきたい、と思います。受講者のみなさんの想いに応えるための、「誰かの役に立ちたい」という想いが、講師にとってはとても大事なことなのです。

人生に夢や目標があれば、何歳からでもやり直しはできます。

セミナーに深く関わるようになって、私はこのことに気がつきました。自分自身がそうだったし、セミナーに参加したことで、変化していく人を間近に見てきたからです。

そして、セミナーを通じてもっとも成長するのは、実は講師自身なのです。

本書を出版するにあたって、いつも私を支えてくださっている方々に、心から感謝申し上げます。私が今こうしてあるのも、これまでに出会ったみなさまのおかげです。

これからも、「ありがとう！」と感謝される人間であり続けるよう、常に自分らしく進んでいきたいと思っています。

2011年7月

前川あゆ

著者略歴

前川あゆ（まえかわ　あゆ）

株式会社Shuka Berry（シュカベリー）代表取締役
1966年大阪府生まれ。大手化粧品メーカー、工務店、建築会社などの接客、営業を経て、地域情報紙を制作する株式会社シティライフNEWに入社。奇跡の転職を3回達成し、どの会社でも入社後、すぐにトップ成績を叩き出したことから「営業の女王」と呼ばれる。それらの経験と実績から、独自のブランディング販促術を確立し、起業家などのプロデュースをスタートし、次々と実績を上げる。2007年1月、社内ベンチャー第1号として、キャリアアップと起業をサポートする会員制コミュニティ「キャリアShuka」をスタート。翌2月にプロデュースしたイベント「朱夏フェスタ」では、800人を動員。その後も、勉強会や交流会を毎月開催し、紙媒体・電波・WEB等のメディアを使って、「仕事も暮らしも私らしく」をコンセプトに、起業家やビジネスパーソンをサポートする活動に力を注ぐ。2009年8月、株式会社Shuka Berryとして法人化。講師養成講座もスタート。1年間に200本以上のセミナーを主催、運営、プロデュースしたことから、「セミナーの女王」と呼ばれている。小学生の娘を持つワーキングマザーでもあり、趣味は、自分磨きとおいしいものを食べて飲むこと。

前川あゆのハッピーキャリアでいこう！　http://ayumaekawa.c-shuka.com/
セミナー講師デビュー☆プロジェクト　http://branding.c-shuka.com
株式会社Shuka Berry　http://www.c-shuka.com

セミナー講師育成率No.1のセミナー女王が教える
売れるセミナー講師になる法

平成23年9月5日　初版発行

著　者 ―― 前川あゆ

発行者 ―― 中島治久

発行所 ―― 同文舘出版株式会社
東京都千代田区神田神保町1-41　〒101-0051
営業　03（3294）1801　編集　03（3294）1802
振替　00100-8-42935　http://www.dobunkan.co.jp

ISBN978-4-495-59491-6

印刷／製本：萩原印刷
Printed in Japan 2011